自治・平和・環境

宮本憲一
Miyamoto Kenichi

自治体研究社

はじめに

戦後70年の節目を迎え、安倍政権は戦後体制の大転換を意図し、政治・経済・教育の全面にわたって改革を始めている。重大な転換にもかかわらず、国会や国民の十分な検討を許さぬまま、政府の独断ですすめつつある。戦後史上これほどの民主主義の危機はない。この論考は最近の講演の原稿を集め修補したもので、戦後史の教訓の中から今日の危機の問題点を中心に、それをどのように克服したらよいかについて述べてみたい。

1　平和から戦争準備体制へ―安保条約と憲法のどちらが平和を維持してきたか―

戦後の日本の国際的位置を決めた政治体制の基本は、日米安保条約による日米関係と戦後日本国憲法体制にある。朝鮮戦争以後の米ソの冷戦体制の下で、日米安保条約によって、アメリカの核保有を基にした米軍の駐留が日本の安全を守ったという「常識」がある。これは保守政治家だけでなく、日本のマスメディアの論調であり、今の学生の多くは60年安保・70

年安保の反対闘争時代の学生とは異なり、日米安保体制は必要として疑義を持たない。しかし、果たして冷戦時代にソ連は常に日本侵略や核戦争を計画し、その実現性があったのであろうか、パックスアメリカーナ（アメリカによる平和）が世界平和を維持していたのか、それともアメリカも世界支配の帝国として、紛争の種をまいたのか、これらの点について正確な歴史認識がいるであろう。

仮に対ソ抑止力があったとしても、日米安保体制の持つ危険性についての歴史的事実を忘れてはならない。ベトナム戦争では対米関係では同じ立場にあった韓国は参戦せざるを得なかったが、日本は平和憲法によって参戦せず、代わりに日韓条約を結んで、韓国経済を援助することでアメリカ政府の同意を取った。しかし、占領下にあった沖縄は米軍のベトナム侵攻の最前線基地として使用された。もし、ベトナム軍が他国を侵略できる空・海軍やミサイルを持っていたらどうなっていたか。この報復の恐怖は本土人にはなく、当時の沖縄県民の心情であった。沖縄は前線基地であるから米軍は正常な行政を施行せず、産業も育成しなかった。治安も悪かったのである。太平洋戦争の悲惨な経験とこのベトナム戦争の経験から、沖縄県民が日本国憲法体制に入りたいと考えたのは当然である。

1972年沖縄は日本国憲法体制に入ったのだが、米軍基地の大部分はそのまま残った。湾岸戦争で日本は参戦を迫られたが、憲法によって拒否をして代わりに膨大な米軍事費の負担をした。アメリカからは心からの感謝もなく、日本は金ではなく出兵すべきで「ショウ・ザ・フラッグ軍旗を戦地に立てよ」という非難を浴びた。この時も沖縄は海兵隊の戦地派遣の前線基地であった。9・11事件（2001年）以後アメリカは「テロとの戦争」を海外進攻の理由としたが、間違った情報に基づいてイラク戦争を始めた。先の湾岸戦争の時の批判に応じて、小泉内閣は軍資金援助ではすまず、後方支援という名目で、「非戦闘地域」に限るとして自衛隊の派兵をした。空軍の支援については名古屋高裁が明らかに憲法違反とした。このイラク戦争には大量破壊兵器の存在はなく、不当な介入で、その後の部族間の紛争などで、混乱は収束していない。明らかな失敗である。ヨーロッパでは政府は参戦の失敗を認めているが、日本はアメリカ同様に失敗を認めていない。これは個別的自衛権を超えているが、かろうじて憲法9条2項の交戦権は行使せず、自衛隊員の戦死者はなかった。

歴史を振り返ってみると日米安保条約が、戦争を防止したのでなく、この条約によってアメリカの戦争に巻き込まれる可能性の方が大きかったのである。かろうじて、参戦せず、戦後70年間戦死者を出さなかったのは、憲法第9条が歯止めになっていたためである。しかし、沖縄基地はアメリカの戦争に酷使された。日本の米軍基地の74％が沖縄本島の18％を占めて沖縄の自立を阻み、県民は日常的な事故と公害の被害を受けている。第2次大戦以後、独立国に他国の基地があるのは異常なことであり、これが国際法上は前例のない日米地位協定などの問題を抱えている。アメリカの政治学者ジョンソン（Chalmers Ashby Johnson）は、戦後のアメリカは占領後の領土要求はしないが、撤退後も基地を残すことによって、帝国としての属国支配を続けているとしている。日本は米軍基地が存在することによって、アメリカの属国となっているのでないか。それは軍事だけでなく、経済や科学の面についてもアメリカの政策を受け入れている。安倍内閣は戦後体制の転換というならば、憲法の本旨を変えるのでなく、まず日米安保条約を破棄して、真の独立国とならねばならない。ところが反対に、平和憲法さらに安保条約の枠をも超えて、アメリカの軍事戦略にしたがって海外派兵をする法案を出している。

現在提出されている「国際平和支援法」と10の安全保障立法は、これまでの憲法で認められている専守防衛の範囲を超えている。個別的自衛権は我が国の国土や国民の生活が武力による侵害を受けた時やその緊迫性が認められた時に、自衛隊の活動を認めたものであった。そのような他国の日本侵害がない時に、自衛隊が他国へ進出して交戦する集団的自衛権は認めていない。憲法9条2項は明らかに交戦権を認めていない。これは歴代内閣の解釈でもあった。これは日本が平和国家として、世界の信頼を得た理由である。ところが安倍内閣は閣議で憲法解釈を変え、集団的自衛権を認めた。公明党の姑息な了解事項で、歯止めをしたというが、これによって、日本が平和国家から「戦争をする国家」に代わることは間違いがない。

国会の憲法審査会の参考人の3人の憲法学者は、これらの法案を明らかに「違憲」と断定した。他の多くの憲法学者も違憲説である。

立憲主義の法治国家であれば、このような憲法違反の法律は撤回すべきであり、このような内閣は退陣すべきである。しかし、政府は憲法判断を学者の意見でなく、最高裁の判断に従うと強弁して、国会の審議を強行している。政府がこのように強行するための理由としているのは、安保の環境が変わって危険が差し迫っているというのである。それは法案では明示しないが、中国の脅威である。そしてアメリカ軍の力が財政危機などから相対的に弱体になり、それを日本が補充したいというのである。そのための抑止力の増大と切れ目なく武力を使えるようにしたいというのである。このような集団的自衛権容認と軍事力の拡大は第2次冷戦を東アジアで起こす契機になる。中国が軍事力を増大し、太平洋地域へ進出するとしていても、中国が日本と戦争を始めるといえるだろうか。またアメリカは中国と戦争する用意はない。他方、中国との経済・文化の交流なしに今後の日本の発展はない。この間の中韓両国との緊張は日本政府の方に原因がある。今後中国と軍拡競争をするとすれば、深刻な赤字債をもつ日本財政はたちまち破綻してしまうであろう。一部の軍事産業のために中国経済との関係を悪化させてしまうほど日本の財界は非合理でないだろう。

2 戦後最大の危機

元保守系長老4氏が集まって、安保関連法案は違憲で反対であり、安倍内閣の国会運営に大きな危惧を持ち、法案の撤回を求める重大な記者会見（6月12日）をした。その中でこれまで改憲派と思われていた自民党元幹部の山崎拓氏は、いまの政治状況は戦後最大の危機であると述べた。「戦争立法」の上程はまさに戦後最大の危機だが、それ以外の安倍内閣の国内政治も重大な国民生活への危機を生んでいる。

何よりもまず、東日本大震災の復興がすすんでいないことである。政府はこれまでに26兆円の復興予算をつぎ込んだので、当初計画を終え、来年度から地元の負担を求めたいとしている。しかし4年目を迎えて、住宅をはじめコミュニティの回復、雇用・生業などの生活再建がすすんだとはいえない。まだ多くの人々が仮設住宅で不便な生活を送っている。これには、市町村合併によって、役場が統合・縮小され、職員が減少したために、救援活動が遅れ、その後の復興事業も人手と技量の不足（特に都市計画の技術者不足）で処理しきれない状況がある。石巻市では通常の数年分の予算がきて消化できない状況がつづいた。これよりも行政の能力の低い自治体では事業がすすむはずがない。国や他の県からの応援の職員が援助しているが、十分とは言えない。今回の復興は阪神淡路大震災の時と同様に、創造的復興を目的に掲げたために、同じ失敗を重ねている。防波堤のような大規模な公共施設、高台に新都市をつくる計画など、住民の同意を得ない、あるいは得にくい画一的な公共事業が優先され、身近な生活再建が後回しになっている。この地域は高齢化がすすんでいるので、保健・医療・介護などの福祉の総合的な対策が必須である。今年に入って、仮設住宅の中にある石巻市立病院の開成仮診療所で、佐久総合病院をやめて赴任した長純一医師の努力でようやく地域包括ケア体制がモデル事業として始まり、これから宮城県がそれを取り上げることになった。このようにこれまでの復興予算は金のかかるハードな事業に重点を置いて、生活再建という緊急なソフトの事業を後回しにしているために、復興がすすまない。最近では復興災害といわれるような被害が発生している。

原発の災害については後述するが、まだ放射能汚染水の問題すら解決していないように、事故の実態把握と対策が終了していない。除染も一部にすぎない。放射性廃棄物の中間処理場の指定をしたが、終末処理場の問題は解決していない。健康診断が行われているが、住民、特に年少者の放射能被害については甲状腺がんの報告があるが、確定していない。原発災害は足尾鉱毒事件に次ぐ最悪の公害である。11万人の住民がいまだに避難を続けている。除染が終わったとして、復興のフロントランナーといわれる川内村でも半数の住民が危惧を持っていて復帰する意思を持たない。原発被害の補償はされているが、これで生活再建はできていない。コミュニティの再建がなければ個人の生活再建も難しい(1)。

震災と原発事故の復興がすすまない状況の下で、国や東電は救済を打ち切ろうとしている。多くの住民が路頭に迷っている時に、安倍内閣はあたかも原発事故対策は終わったかのようにオリンピック誘致を決めた。そして原発再開に踏み切り、原発輸出をすすめている。このような政策は倫理的に、あるいは正義の原則から許されることであろうか。

短期的な政策だけでなく長期的にみて大きな影響があると思えるのが、教育政策である。すでに第1次安倍内閣の時に教育基本法の改悪を行ったが、教育委員会の独立性をやめ、行政庁の指示に従うという教育の自由を侵害する決定をした。驚くべきことは国立大学の人文・社会系と教育系の整理合理化を指示した。つまり、科学の国際競争と産学協同のために、理科系以外の学問は切り捨てるというのである。このような学問に対する政治の挑戦は亡国の兆しといってよいのではないか。国立大学の法人化によって大学間競争が始まり、国際化重視の大学の類型化がすすめられた。さらに式典の際の国歌・国旗の強制等が要求されている。大学の歴史の中で確立した大学の魂ともいうべき学問の自由、大学の自治を侵害する驚くべき暴挙をすすめようというのである。

すでにプチ安倍首相といってもよいような橋下徹大阪市長は同じような憲法違反の行為をすすめ、他の民主主義国では考えられないような大都市の廃止＝大阪都構想を実現しようとして失敗した。このような中央・地方を通じて異常な政策がすすめられているが、それをどのようにしてストップするかが、良識ある市民の共通の願望となっている。本書ではこれらの問題の意義を明らかにし、戦後の歴史を振り返って、解決の道を探ってみたい。

注

1　除本理史・渡辺淑彦編著『原発災害はなぜ不均等な復興をもたらすのか』ミネルヴァ書房、２０１５年

『自治・平和・環境』目次

Ⅱ　憲法と地方自治—戦後史の教訓—

Ⅲ　自治・平和・環境をもとめて……67

Ⅰ　転換期に立つ日本社会―民主主義・地方自治の危機―

1　安全保障と地方自治―辺野古基地建設反対の民主主義―

⑴　地方自治と環境政策の危機

安倍内閣は沖縄県民の普天間基地廃止・辺野古新基地建設反対の要求を無視して、建設を強行している。この事態は地方自治、ひいては戦後民主主義と環境政策の最大の危機である。

オール沖縄といわれているように、県民は辺野古基地建設反対である。地元の稲嶺進名護市長・名護市議会、翁長雄志沖縄県知事・沖縄県議会は辺野古基地反対を公約あるいは議会決議しており、さらに２０１４年末の衆議院選挙において、沖縄のすべての小選挙区当選者は新基地建設反対であった。これは、１９６８年最初の琉球政府主席選挙に屋良朝苗氏が当選して以来の沖縄県民の意思の統一といってよいであろう。

これまでの選挙では「基地か経済か」という対立で、政府の公共事業補助金事業による経済振興のためには、基地の容認をせざるを得ないという保守派や経済界が多数を占めていた。

しかしこの数年の基地問題の再検討から、財界の一部を含めて基地の開放なくして、沖縄の経済・政治の自立はないというように世論に大きな変化が生まれた。

これまでの沖縄の基地は占領下に米軍の銃剣で強制的につくられたものであるが、辺野古の基地建設がすすめば、初めて県民が基地を認めたことになる。それは沖縄戦の経験から平和を希求する県民にとっては許し難いことである。

しかも辺野古基地予定地域と大浦湾などの周辺地域は、沖縄県の「自然環境の保全に関する指針」で評価ランクⅠ「自然環境の厳正なる保護を図る区域」と県が決めた美しい景観と絶滅危惧種の多い生態系の海・地域である。国際的に保護されているジュゴンが生息する地域である。この世界遺産の候補地といえる地域を破壊することは観光沖縄にとって、許し難いことである。

辺野古地域の埋め立てについて、防衛省沖縄防衛局が行った環境事前影響評価（アセス）を、沖縄県が審査したところでは、欠陥だらけでアセスの名に値しないとした。これを受けて仲井真弘多前沖縄県知事はこのアセスでは25分野175件にわたって問題点があるとし、これでは実施区域周辺部の生活環境及び自然環境の保全を図ることはできないとして埋め立てに反対してきた。知事は公有水面埋立法により基地建設のための埋め立て許可の権限を持っているが、その許認可の最も重要な要件は環境影響事前評価である。特に米軍基地の場合はいったん建設してしまうと、日米地位協定によって治外法権となり、これまでの経験から基地の公害や事故は野放しとなる可能性が大きい。このため供用後の公害を予防するには、アセスこそが決め手になる。

環境学の桜井国俊前沖縄大学長は、この防衛省のアセスはその名に値せず「アワセメント」といってよいと批判している。[1] 当然このような建設は認められないはずであった。

ところが2013年12月、予算折衝で沖縄振興予算（5年間で毎年3000億円）の計画が約束されると、突然仲井真前知事は埋め立てを承認した。まさにお金で県民を裏切り、日本の宝ともいえる辺野古周辺の環境を売ったといってよい。仲井真前知事の埋立承認を受けて、2014年7月、沖縄防衛局は沖縄県に海底への機器設置のための岩礁破砕許可申請及びボーリング調査のための事前協議書、補正書を提出。8月沖縄県は岩礁破砕許可を出した。

2014年11月の知事選挙で新基地建設反対を掲げて当選した翁長新知事は、合法的に前知事の決定を取り消したいと考え、2015年1月行政的に瑕疵がなかったかを検討する「普天間飛行場代替施設建設に係る公有水面埋立承認手続に関する第三者委員会」を発足させた。

地方自治に基づく民主主義によるならば、当然政府はこの第三者委員会の結論が出るまでの間は工事を停止すべきである。しかし政府は調査を強行している。そこで沖縄県は2015年3月27日、県行政規則「岩礁破砕等の許可に関する取扱方針」にある「行為者は許可を受けた行為の内容を変更する場合、変更部分に関し改めて許可を取るものとする。（無許可行為に対する措置として）知事は、許可を得ずに実施中の行為について、当該行為者に対し、行為の停止及び現状回復を命ずることができるものとし、既に実施された無許可行為に対しても、現状回復を命ずることができるものとする」に基づいて、沖縄防衛局に対してボーリング調査を含むすべての作業を一時停止するよう指示した。

ところが、国（沖縄防衛局）はこの指示を不服として、農林水産大臣に対し行政不服審査請求を行った。この請求に対し農林水産大臣は3月30日、沖縄県知事の作業停止指示の効力を一時的に停止するという決定を行った。

そもそも行政不服審査請求は、行政不服審査法の第1条「この法律は、行政庁の違法又は不当な処分その他公権力の行使に当たる行為に関し、国民に対して広く行政庁に対する不服申立てのみちを開くことによって、簡易迅速な手続による国民の権利利益の救済を図るとともに、行政の適正な運営を確保することを目的とする」に示されているように、行政の行為を差し止めて、国民の権利を守るための制度である。ところが安倍内閣は、訴えられるはずの行政庁が自分の利益を守るために別の行政庁に行政不服審査を申し立てるという茶番劇を指示する恐るべき内閣である。これでは法の趣旨に違反し、民主主義の府とはいえない無謀な内閣といえる。国民はこういう無法に対し、もう一度行政不服審査にかけなければならないのではないか。

沖縄県の指示は法に基づく行為であり、この構図は、無法者（政府）と合法者（沖縄県）の闘いである。この事態を許すことは民主主義に反する。地方自治に基づく民主主義によるならば、当然政府は工事を停止すべきである。しかし、政府は重大な沖縄の民意を一顧に値しないとしている。これは民主主義の危機である。県民の生命と財産を守り、環境を維持する責務を持つ地方自治体行政の正当な要求に対して、政府の態度はこれでよいであろうか。

(2) 安全保障と地方自治をどう考えるか

外交・防衛は国の専管事項だとされている。しかし現代の戦争が、軍隊の戦争にとどまらず、住民を巻き込み、生活困難や基本的人権が侵害される以上、当該自治体が関与しなければならぬはずである。

内政を専管する自治体と国際政治を専管してきた国との関係についての協議の制度がなければならない。最近のグローバル化で国家の行政に限界が出てきて、自治体外交や自治体の平和都市宣言がおこなわれている時代に国の防衛行政が一方的に動いてよいと思えない。

神奈川県逗子の米軍宿舎（池子）問題で苦闘した富野暉一郎元逗子市長（龍谷大学名誉教授）は「地方自治体と安全保障政策」の中で次のように述べている。「米軍基地問題は安全保障政策の根幹にかかわる国の専管事項と、地域社会の地域づくりや住民の安全と安心、さらには社会的環境に重大な影響を与えるという点で自治体の責務が交錯する境界領域である以上、本来は国―地方の対等な利害調整が前提とされるべき問題である。……国益と地方自治体の公益が衝突した場合に、両者が対等な当事者として一定のルールにしたがって協議すべきであるという制度設計の問題である(2)」。

2000年の地方自治法改正の時に、この安全保障と地方自治について十分な議論なしに「第1条の2」において、安全保障を国の専管事項とした。

この安全保障政策の最大の制約条件のひとつが環境問題である。日本は環境事前影響評価制度が他の国に比べて限定され、機能がはばまれている。基地の必要は数十年でなくなるかもしれないが、しかし貴重な自然は破棄すれば永久に復元できない。日米安保よりも自然保護は永遠の課題であり、アセスの結果は安全保障と同じように重要である。自治体はこの自然を保護する直接の任務を負っている。辺野古基地問題に対する安倍内閣の政策は、地方自治と環境政策に対する重大な危機をもたらしている。

この機会に、地方自治法の盲点である安全保障と地方自治の関係について、徹底的な議論が必要であり、少なくとも現行法でも国と沖縄県が対等に基地建設の是非について協議すべきである。その場合の判断の決め手は環境問題で、私はまず政府は工事をやめて翁長知事と会い、さらに辺野古の環境維持のために「グアム」協定を白紙に戻してアメリカ政府と交渉をすべきであると考えている。

戦後の地方自治はいま大きな分岐点に立っているといってよい。「地方自治の本旨」とは何かを歴史的に検討する上でも、安全保障と地方自治はその命題である。

(3) 「沖縄の心」と沖縄政策の転換

沖縄の問題を理解するためには、沖縄に対する差別の歴史を知らなければならない[3]。

琉球王国は、1872年に日本に編入されて琉球藩となった。これを琉球処分といい、植民地ではないが、沖縄差別の始まりであった。日本は1888年~90年に市制町村制、府県制郡制を施行し、アジアで最初の地方自治制が発足したが、沖縄にこの制度が全面的に施行されたのは、30年遅れの1920年であった。その行政は植民地以下といってもよい。たとえば当時、沖縄県には日本で唯一高等教育機関はなく最高学府は師範学校（中等教育制）であった。植民地の台湾や朝鮮には帝国大学、旧制高校・高専があった。このため沖縄では専門的な技術者や経営者が養成されず、経済開発が遅れた。1945年アジア太平洋戦争の地上戦によって沖縄は壊滅的な被害を受け、講和条約と安全保障条約の締結の際、天皇メッセージなどによって、本土と切りはなされ米軍の統治下に置かれて自治権はなかった。

1972年沖縄の復帰が実現した。沖縄県民は復帰にあたり、何よりも米軍の占領・戦争体制からの解放を望み、「平和憲法」体制に入ることが、沖縄復帰の希求であった。そこで、平和（軍事基地・在沖縄全軍隊の撤廃）、基本的人権（福祉の保障・環境保全・伝統文化の保持）、自治（沖縄県と住民の自治権）の3つの柱が「沖縄の心」として復帰の理念となった。

復帰の際、沖縄県民が復帰のあり方を決定する権利を持つべきであった。

私は基地のあり方を含め、「沖縄の心」を実現するには、日本国憲法第95条に基づいて住民投票をすべきであったと思う。残念ながら米軍占領下では憲法は適用されないというのが、投票を行わないことに関する形式的な理由であったろう。しかし、復帰後の沖縄の経済開発の死命を制するような米軍基地の大部分の残留を政府が沖縄の意向を無視して決めれば、沖縄の自立はない。沖縄の意向を聞くことなく、復帰政策を一方的に決めたのは民主主義に反し、越権行為である。当時、仮に憲法が適用できなくても、それに類似した沖縄地域住民の民意を決定できる手続きが必要であったろう。なぜならば、復帰というルビコン川を渡る行為が終われば、沖縄県は日本の「1％の国民」とされ、国会における県選出の議員は少数で、今日見るように県民が一致して名護の新基地建設に反対してもその実現は困難をきわめている。

復帰からの40年、沖縄振興政策は3次にわたる「沖縄振興開発計画」と「沖縄振興計画」

によって10兆円を超える事業をした。その90％以上が公共事業である。遅れていた社会資本の整備はすすんだかもしれないが、沖縄経済の自立的発展の基盤をつくることには失敗した。県当局も振興政策は「沖縄経済の自立」の目標を達成できなかったと評価している。

沖縄振興政策が計画通りに成果をあげなかった原因は、基地の開放がすすまなかったことによる。経済資源の3要素は土地・資本・労働力である。最も基盤にある土地が開放されない限り、沖縄の経済の自立はない。それは軍用跡地を農業と工芸品生産・観光を関連させて発展している読谷村《よみたんそん》を見れば、土地の開放の重要性は明らかである。読谷村の土地面積当たりの収入では他の商業跡地利用ほど収益はないが、しかし安全な食糧を自給し、緑の環境を保全しており、長い目で見れば、住みやすく美しい地域をつくっている。基地の跡地をエコ・シティとして再生したドイツのフライブルグ市のように、これからのサスティナブルエリア（Sustainable Area）のモデルをつくることができる。

「沖縄の心」に立ち返って、補助金・交付金・軍用地料に依存するのではなく、軍用地を開放して経済・環境・文化のために利用して初めて経済的自立の道を歩める。辺野古に新しい米軍基地を造らせないことが、沖縄の平和と自治を開くみちである。

今後の沖縄の開発は、固有の環境と文化を発展させるために、県民の内発的発展が行われることを期待したい。沖縄は島嶼地域であり、地球温暖化の影響を受けやすい。また廃棄物のリサイクリングをすすめて移入資源を抑え、環境社会をつくらねばならない。他方、太陽光・熱、風力、サトウキビなどのバイオエナジー、海の干満・浮力エネルギーなど自然エネルギーに恵まれている。このような自然エネルギーを利用するための技術と産業を興して、新しい雇用を創出しなければならない。沖縄が世界の Sustainable Area のセンターとなり、グリーン・ニューディールが始まることが望まれる。

日米政府は、沖縄を対中国への前線基地として利用することを意図している。沖縄の基地をアジアへの抑止力と考えるのは軍事戦略であって、それはアジアと日本の平和の保障ではない。中国の軍事強化は望ましくはないが、それに対抗して日米の軍事圧力を強化して解決できることではない。

今後の東アジアの平和はアメリカの軍事戦略ではなく、外交による交渉と経済・文化の普段の交流をすすめる以外に基本的解決はない。沖縄の歴史は、中国との友好関係によって、平和を維持してきたのである。沖縄の伝統を活かして中国などアジアとの経済・文化の交流基地となることが望まれる。そのためには、まず辺野古新基地建設工事をやめ、普天間基地の無条件返還をすすめねばならないだろう。

2 原発災害　予防原則から再開阻止を―大飯原発差し止め京都訴訟への意見書―

2011年3月の原発災害は、日本史上最悪の公害であろう。福島原発災害は、人間の健康、財産や生態系に被害を与え、14万の住民を避難させただけでなく、コミュニティを破壊した。おそらく今後、住民の定住が困難で廃止される町村も出てくるであろう。

原発事故の原因がまだ十分に明らかでなく、被害の救済・事故の防止が不完全な段階において、さらに核燃料廃棄物の処理の見込みがなく、地震などの災害が不可避な状況の下では、予防の原則からいって原発の再開は差し止めるべきであろう。

(1) 原発災害問題に対する3つの局面

原発災害問題に対する私たちの対応には3つの局面がある。第1は公害問題の解決は「被害に始まり被害に終わる」といわれるように、被害の全容を調べ、その原因と責任を明らかにして、被害の救済を図ることが第一歩である。ここでは、健康・経済被害以外にコミュニティの破壊と自治体の回復という新しい課題についての救済策が重要である。責任論としては、直接の事故の責任のみならず、臨海部に設定したなどの立地の過失が追及されてよい。また、拡大生産者責任原則からくる発電施設を生産したアメリカの企業責任や日米原子力協定の問題点も追及されてしかるべきであろう。

第2は、原発の再開を阻止することである。このための方法のひとつは関係自治体が再開を拒否するか厳格な態度を取ることである。その点では、新潟県知事や函館市長の対応が注目される。島根県の住民の条例制定請求は新しい戦略である。もうひとつは、再開差し止めの裁判を起こすことである。２０１４年末で、30を超える裁判が進行中であるが、２０１４年5月21日に福井地裁は関西電力大飯原発の再開を差し止める画期的な判決を出した。

第3は脱原発のエネルギー計画をつくり、それを現実化させ、原発に依存しない、省エネルギー・再生可能エネルギーの地域計画をすすめることである。もともと日本にとってエネルギー計画は安全保障計画と並ぶ二大国策である。さらにこれは今後の地域開発＝国土開発の中心的課題である。地方だけでなく、大都市のエネルギー自給をどうするのかを考えるべきである。

ここでは、第2の課題である原発再開を差し止める課題について述べたい。

私は福井県の大飯原発第3、4号機の再開差し止めの京都地裁の原告をしている。この裁判は1万人の原告を目指す大型の裁判で、登録原告は現在２０００人に近づいている。

以下に述べるのは、２０１４年2月19日の京都地裁の公判に「予防原則から再開の停止を」というテーマで陳述した意見書である。

(2) 原発運転再開は予防の原則から許されない

福島原発災害は史上最大最悪の公害である。これまで日本史上公害の原点といわれた足尾鉱毒事件は鉱害によって農漁業に被害が発生しただけでなく、反対した谷中村が廃村となり、東京の治水のための放水地として水没した。鉱毒被害者は北海道や那須野に放逐され、流浪の民を出したことが、この事件の最も大きな悲劇とされてきた。

今回の原発災害は、それ以後初めて2市7町3村の14万人を超える住民が放射能公害によって強制疎開にあい、その多くの人々が故郷に帰ることはできず、おそらく放射能廃棄物の処理地とされ、永久に廃止される自治体も生まれるであろう。これは水俣病など戦後の深刻な公害事件にもなく足尾鉱毒事件以来の最悪の公害といってよい。

このような原発の被害が続き、その全貌が把握できず、事故の原因の究明が終わらず、またその対策では汚染水防止や除染作業のめどが立たず、経済的被害の救済も始まったばかりという状況の下で、大飯原発の運転が再開されることは、環境政策の予防の原則から許されることではない。

予防の原則は1992年国連環境開発会議で採択された『リオ宣言』の第15原則に採用された。「環境を保護するための予防的方策は各国により、その能力に応じて広く適用しなければならない。深刻な、あるいは不可逆的な被害のおそれがある場合には、完全な科学的確実性の欠如が、環境悪化を防止するための費用対効果の大きな対策を延期する理由として使われてはならない」。

少し回りくどいが、指向される事業や行為が健康被害や復旧不能の環境破壊など不可逆的絶対的損失が予測される場合には、科学的な因果関係が完全に証明されなくても、中止あるいは代替手段などの差し止め措置を取らねばならないということである。

近年では、この予防の原則がＰＰＰ（汚染者負担原則）や拡大生産者責任原則とともに、公害対策やアスベスト・化学物質のリスク防止の基本原則となっており、欧米では具体的な適用がされている。地球温暖化防止のための各国の措置や最近の水俣条約（水銀使用禁止の国際条約）もその例であろう。大飯原発の運転再開は明らかに予防の原則を踏みにじる暴挙である。

私は１９６４年に『恐るべき公害』（庄司光との共著、岩波新書）を出版して以来、環境問題を研究してきたが、その中で明らかになった歴史的教訓と予防の原則に立ち、次の５点から、大飯原発の運転再開に反対である。

第１に、原発事故は企業と政府が原発の安全神話を信じ、予防を怠った明らかな失敗で、いまだに放射能公害を規制できる環境基準などの法制や行政が確立していない状況の下で、今日の再開はさらに大きな失敗の繰り返しとなろう。

１９６７年公害対策基本法ができる時に、学界だけでなく、政治の分野からも放射能汚染を公害に入れて規制すべきであるという声が強かった。国会では議論になり、政府も放射能汚染は公害として規制することは法案の中で認めたが、実際の運用は原子力基本法などの関連法に任せた。これで原発の安全を規制官庁から推進官庁にゆだねることになった。

このことはその後も問題になり、1993年環境基本法制定の際も、野党の対案では、チェルノブイリ事故を踏まえ、原発の段階的解消が明文化されていた。しかし政府はこの要求を無視し、環境基本法でも公害対策基本法と同じ取り扱いをすることによって、原発の推進をすすめた。

環境科学の分野では、例えば、1971年から公害研究委員会（代表都留重人）が岩波書店から発行している雑誌『公害研究』（現在『環境と公害』）の初期から、原発の導入はゲーテの小説『ファウスト』のなかでファウストが魂を悪魔に売ったように、人間社会の安全を政府が原発企業に売りに出す「ファウスト的取引」という批判をした。そして事故の起こるたびに原発の停止を要求してきた。

これに対し「原子力ムラ」は安全性の神話を掲げ、政府はそれを信じてきた。確率論を土台に原発事故は飛行機の事故などと比べて、確率はゼロに近いので安全であり、エネルギー資源のない日本では原発は絶対に必要であるとし、電源3法などによる政策支援を行ってきた。しかし、これまでのスリーマイル島、チェルノブイリ、そして福島の事故に見るように大事故の確率はゼロではなく、一世代に一度は発生し、運転中の事故もかなりの頻度で発生している。しかもいったん事故が起これば、全世界に及ぶような広域の汚染の可能性があり、健康・経済被害に加えて、コミュニティの消滅という取り返しのつかない被害が発生したのである。また放射能公害はストック（蓄積）公害であって、すぐに健康被害は発生しなくとも超長期にわたって被害が累積する。

日本は災害多発国であり、中でも地震や津波・高潮は避けがたく、その正確な予測は困難である。つまり、いつ起こっても不思議ではない高度のリスクを抱えている。いったん事故が発生すれば、いま目の当たりにしているように膨大な未解決の被害が継続する。しかも、ようやく放射能被害を公害として規制の対象にしたとはいえ、具体的な基準のための法律も規制組織も未整備である。

もしも大飯原発で事故が発生すれば、関西１２００万人の水源の琵琶湖の汚染は致命的な被害をもたらす。いまだ大飯原発事故に備えた防備施設は完成せず、避難訓練も十分にはできていない。関西広域連合はこの事故に対しては、地域全体で対応するとして各府県に避難者の割り当てをしているが、十数万人の避難の交通方法、受け入れ先の施設や生活物資の用意などは大部分の地域でできていない。これでは予防の原則からするならば、大飯原発の運転再開は中止すべきである。

第2は、これまで原発は他のエネルギーに比べてコストが安く、経済的に効率が高いとされてきた。しかし大島堅一の研究で明らかになったように、1970～2010年度平均の発電の実際コストは原子力が10・25円／kWhで、火力9・91円、水力7・19円よりも高い。直接コストが比較的安かったのは、これまで原発が政府から研究開発や立地政策について、優先的な援助を受けてきたためである。(4) 進行中の事故後の賠償や汚染排除・防止費、さらに放射能廃棄物の処理費などを加えるとさらに原発のコストは高くなるであろう。あえて再稼働せねばならぬ理由は、国民経済の問題ではなく、関電など電力企業の経営問題である。

第3は、原発を再稼働させなくても、経済は正常に動いているし、今後も可能である。2013年夏の電力需要のピークも乗り切っている。これは節電が効果を上げたためである。まだまだ節電の余地はある。

さらに原発の代替は、最も安全で、環境への負荷の少ない再生可能エネルギーの開発によって可能である。日本は再生可能エネルギーの技術では世界のトップクラスだが、これまでの政府と電力業界の原発依存の政策のために実業化が著しく遅れ、エネルギー源の1％にしか達していなかった。この再生可能エネルギーの開発に当たっては価格支持制度だけではなく、分散する供給源が自立できるように発電と送電の分離が必要であり、9電力の独占体制の改革が必要である。ドイツのように供給主体が協同組合や自治体（公社）となれば、分権化して、地域に分散するシステムが必要となる。この方法もすでに飯田市などで始まっており、代替エネルギーの開発は急速にすすむと考えられる(5)。

第4に、原発は放射能廃棄物の処理やリサイクリングが不可能あるいは著しく困難な産業であることだ。これは原発が科学技術的に致命的な欠陥を持っていることを示している。「トイレなきマンション」のようだという比喩はぴったりしている。

ドイツの倫理委員会の原発廃止の最大の理由は、この放射能廃棄物の処理の困難と後の世代に半永久的に持続する危険性が倫理的に許せないということにある。仮に事故がなく、運転が安全だとしても、放射能廃棄物は10万年以上にわたって、被害を出す可能性がある。総合資源エネルギー調査会はバックエンドコストを18兆8000億円としている。これは楽観論であり、現実は福島原発の核ごみの中間処理施設の受け入れ先も紛争をしており、最終処分地についてはまだ検討段階である。このコストが仮に電力費に算入できるとしても、放射能廃棄物が将来世代に及ぼす影響は無視することはできない。これは市場の論理で判断すべきことではなく、将来世代に対する責任倫理の問題である。ドイツが原発廃止にふみ切ったのは、何よりも将来世代に負の遺産を残すことは、経済問題を超えて、倫理に反すると判定したからである(6)。

第5に、原発立地の市町村の経済・財政の問題である。原発立地が肯定される理由のひとつは、過疎地域の振興における原発の役割である。田中内閣が電源3法をつくったときに、立地反対の声を説得し、地元の地域開発にはあまり役に立たぬ危険施設を認める迷惑料として交付金制度がつくられた。

この交付金と原発の固定資産税が、立地地域の経済・財政を膨張させた。原発のエネルギーは大都市圏に送られ、地元は原発関連産業以外の地域開発はすすまなかった。立地町村の産業構造は他の地域と比べると、原発依存の3次産業に偏り、農漁業や製造業などは小さくなっている。固定資産税のうち最大の償却資産税は16年間で、ゼロになる。他方、財政が膨張した時代に作った施設の維持費が負担となり、財政は周期的に危機になる。このため、再び三たび原発の誘致が行われた。他の国に例を見ないような、福島県や福井県などの特定地域に原発基地が密集したのは、この原発による地域開発の構造にある。

しかしこのような地域開発が、いつまでも持続できるわけはない。原発立地交付金のような差別的な政策はやめ、持続可能な内発的な発展への模索ができるだけ早い機会に必要なのであって、再開停止はその機会をつくるチャンスである。再開停止により、当面困難があるというならば、原発に依存しない地域開発について、期限を限って、国の援助が行われればよいであろう。

2014年5月21日の大飯原発の再開差し止め裁判について福井地裁の判決は、人格権を企業の営業権よりも上位の権利で最高の価値をもつとし、原発の安全技術及び設備は万全でないどころか、確たる証拠もない楽観的な見通しの下に初めて成り立ちうる脆弱なものと断定して、差し止めた。関西電力は控訴している。

２０１５年４月14日関西電力高浜原発３、４号機の再稼働差し止め裁判において福井地裁の樋口英明裁判長は新規制基準は「緩やか過ぎ、合理性を欠く」として即時差し止め処分とした。また一方、鹿児島県川内発電所については鹿児島地裁は差し止めを却下した。このように一進一退があるものの、原発裁判の動向は今後のエネルギー計画に大きな影響をもつといってよい。

3　大阪都構想とその否決以後

政令指定都市の改革について、大阪都構想が提示された。ここでは大阪都構想の問題点を明らかにし、否決後の状況についてのべる。

(1)　大阪都構想は都市自治体消滅政策

大阪市は歴史的に形成されてきた日本を代表する大都市であり、24区のコミュニティを基盤とした自治体である。大阪都構想はこの大阪市を永久に廃止する愚挙であり、暴挙である。京都市や神戸市を廃止して特別区に再編するという案を出したとしても、両市の市民は絶対反対であろう。地元の堺市も大阪都構想に反対した。おそらく大阪以外の地域では大阪都構想の評価はゼロに近いのではないか。当初の大阪都構想を大都市（政令指定都市）改革の1案として議論していた専門家の間でも、具体化した構想は都市自治体の機能が大きく消滅し、行財政の配分の未熟な制度であって、これを一般的に評価するほどの関心もなくなっていた。

このような状況の時に、かなり多数の大阪市民がなぜ大阪都構想に期待をかけたのか。それは何よりもまず、大阪都になれば、東京都に匹敵する経済力・行財政力になるのでないかという錯覚があるからである。この構想は大阪市が大阪都になるのではなく、大阪市を廃止して5特別区に分割する案である。大阪府は法律改正をしなければ都にならない。仮に大阪府が大阪都になっても府県制を超えるような機能を付与されるのではない。安倍首相は改憲の勢力として、維新の党と手を握りたいために大阪都構想に賛成といっているだけである。

大阪都になれば政府が第二首都として、中央官庁の移転、例えば、経産省や国土交通省などを移転するということでもない。大阪人の中には複眼レフ論で大阪を第二東京にしたいという願望から、大阪都構想に賛成する人がいるが、府が都に代わっても、国税の一部が特別に大阪に配分されるのでもない。橋下構想のカジノ観光でも大阪都にならぬと誘致できぬのでなく、政府は横浜市とともに大阪市にも認めるというのである。このカジノ構想は「下司の街」と批判されてきた大阪の都市格をさらに落としてしまうであろう。

大阪都構想は大阪市と大阪府の権限・財源の配分をめぐるコップの中の争いで、国の権限や財源などが委譲されるということではない。これは東京都も同じで、特別の国税委譲がされているのではない。

また大阪都になれば、80年代以降急激に東京に移転した大阪資本の本社が復帰してくるというのでもない。また他地域から企業が流入してくるということでもない。この企業の流れは行政区画の問題と異なる。大阪都構想によって東京一極集中が是正され、大阪経済が東京経済と同じような機能を持つようになるということはない。東京一極集中を是正するのはこの構想とは別の政策が必要であり、それは民間資本の動向で、行政区画の変更とは関係ない。このような市民が持つ錯覚を解かねばならない。

大阪市は京都市や神戸市と並んで、関西地区経済の母都市であり、文化の中心であった。これは東京圏のように東京23区一極集中とは違って、最も望ましい三種三様で多様な特色を持った大都市圏の姿であった。その大阪市がなくなれば、関西の特色がなくなるだけでなく、日本の誇る多様な都市連帯の大都市圏がなくなるのである。

松井一郎大阪府知事は、大阪都が新しい大都市制度というが、これは都市自治体論なき空論である。広域行政体で、市民生活の現場の行政の経験のない大阪府が名前は大阪都になっても都市ではない。大阪都構想が認められるとすれば、大阪地域は京都市や神戸市に比べて都市力や都市格ははるかに低いものになるであろう。

橋下徹市長は市職員に都構想について市民に聞かれても説明することを禁止したが、これは自ら構想の内容に自信のないことを示し、職員を信用できず、市長としての資格のないことを示したようなものである。大阪市がなくなり特別区に分解して、最も大きな損失は、日本の都市行政をリードしてきた都市計画家・建築技術者・財政家等の専門市職員とその働く場を失うことである。新しい大阪都では大都市行政はできない。これは府職員で代替はできない。大阪市職員は特定の権力者に奉仕するのでなく、全体への奉仕者である公務員の本旨に基づき、また日本の都市行政のリードマンであった大阪市職員の名誉にかけて積極的に大阪都構想の問題点について市民に語るべきではないか。

(2) 大阪都構想は現代日本の大都市制度の改革となりえない

市町村合併によって、大都市とはいえないような政令指定都市ができ上がったために、改めて大都市制度をどうするかが問題となった。しかしいま議論されているのは、社会学・経済学や歴史学の都市論研究者から見た大都市論ではなく、行財政論という狭い観点から見た制度改革論である。したがって、中心的な改革の視点は府県と政令指定都市との二重行政をどうするか、住民参加の制度のための狭域行政をどうするかであった。その視点で、府県中心か、基礎的自治体中心かという視点の相違があり、大阪都構想は住民サービスよりは開発重視の広域行政の統合という府県重視の視角でつくられた。

政令指定都市制度改革案として、当初の大阪都構想が注目されたのは、大阪府下の市町村をすべて廃止して、できれば20万規模の特別区として再編し、中核市並みの権限を付与し、その上で大阪府が大阪都になるというものであった。これは広域行政を都に集中し、基礎的自治体を適正規模に画一的に整備するというもので、一見合理的な案に見えた。しかし、これは非現実的な案であり、それぞれ、歴史と文化があり、安定したコミュニティで構成されている市町村を改廃するのは暴挙であった。

このことは市町村合併の失敗で明らかである。自治の伝統のある堺市で反対され、他地域の改編も手がつかず、大阪都構想は初めの案と似て非なるもので、大阪市を廃止して、その行財政を府に引き揚げるというにすぎない。そして、新しくできるはずであった5区は住民参加で十分な議論をして決めた基礎的自治体でなく、行財政上の都合で決めた府の下請け行政体である。

新聞などでは、この大阪都構想が政令指定都市（大都市制度）改革のひとつのモデルであるかのように述べていたが、これは構想の経過や内容をよく見ていない間違いである。大阪都構想は大都市廃止論であって、大都市制度の改革案ではない。

このように最初の構想が非現実的であったために、結局は東京都の制度を模倣した構想になり、それも中途半端な改革である。大阪都構想について、野党はかなり的確な批判をしていた。まず二重行政の改革については当初のような財政の節約はなく、むしろ新しい特別区の制度のために経費と労力が大きくかかり、その上、事務が軌道に乗るまでには10年以上の長い期間の経過措置が必要である。

地方制度調査会ではその後の制度改正で、都の特別区のような総合区がおかれることが決まり、府県と市町村の行政配分のための協議会が認められたので、都構想の目的とされた二重行政の解消や区の自治機能の付与は改革をしなくても実現できる。問題はむしろ、この構想による新しい行財政問題である。大阪市の固有の税源の40％は府に吸い上げられる。新特別区は財政力に著しいアンバランスがあるので、この吸い上げた財源を財政調整資金とするのだが、これは区の自治を侵害し、毎年財源の奪い合いで、大きな混乱を生む可能性がある。

今回の改正の最大の問題点は大阪市の根幹の都市施設が特別区で処理できず、国民健康保険、介護保険、水道事業、多くの児童・母子・保健・障害者・老人福祉施設、スポーツ・文化の市民施設、斎場などが大阪特別事務組合で共同処理されることになっていたことである。このように屋上屋を重ねるのでは、何のために大阪市を廃止しなければならないのかはわからない。

今や広域行政は、ハードな公共事業よりもソフトな医療・保健福祉・教育などに代わり、これは府県ではなく都市の行政となってきたのである。このことが大阪市の行政を特別区に分割しては処理できないことを示している。つまり従来の広域行政の概念が変化してきたのに対して、大阪都構想の理念が古く、適合しなくなってきているのである。

二重行政の解消という政策のために、病院の統合などで住民サービスの低下が指摘されていた。

大阪市立大学と大阪府立大学の合併がすすめられている。2つの大学は全国的にみても研究・教育のレヴェルの高い大学であり、特色を持っている。今後の日本の未来は教育にかかっており、特に高等教育の発展が重要で、大阪の将来もここにある。このためにはそれぞれの大学の特色を生かし、それに予算を充実していくことが都市政策であろう。

ところが、この合併はこれまでの伝統を生かした研究教育の内発的発展ではなく、大阪都構想に沿って、外部の案で整理統合をすすめている。環境関係の研究所の統合もすすめられているが、全国をリードした環境行政を支えた研究機関を統合してよいのか。

橋下府政・市政は、文化事業特に交響楽・文楽などの集団芸術の援助を中止あるいは市場性に任せた。大都市の特色は他の地域でできない文化事業を発展させることにある。それが都市格を高め、国際性を発展させる。

(3) 東京の真似はやめ、「都市格」のある街・大阪を

戦後の大阪府・市政、さらに財界の政策の失敗は、東京に追いつき追い越せとして、東京の後追いをしてきたことである。このことは京都や神戸などの都市政策と異なる。万博、堺泉北コンビナート建設、オリンピック誘致、関西空港と周辺開発をはじめとする臨海部開発、研究学園都市などが典型で、すべて所期の目的を果たしていない。

そして、今回の都構想である。後追いをすると、社会経済状況が変わっていることもあっ

て、うまくいかない。うまくいってもせいぜい第二東京であって大阪の独自性はない。大阪が目標とした今の東京都も行き詰まっている。もはや経済的にも文化的にもニューヨークやロンドンのような世界都市ではない。東京は阪神淡路大震災に学ばずに超高層ビル社会をつくり、集積をすすめた結果、災害や公害に弱く、都市景観のない、住みにくい街になった。

東京の都市政策は過集積による都市問題の対応に遅れた。保育所等若年所帯の対策や若年労働規制が不備なために、出生率が下がり、医療体制の欠陥が露呈している。急速な高齢化に老人施設が整備されず、他府県に施設を求めている。地域包括ケアが整っていないので、都内で安心の老後が難しい。死亡しても火葬場が満員で葬式を出すにも時間がかかる。

東京一極集中で一見華やかのように見えて、安全と福祉が弱体となり、いま都民が我慢しているが、人権を主張すれば「東京問題」が噴出するであろう。東京オリンピックはこの東京問題という集積の不利益と成長と福祉のアンバランスを助長するのでないか。このような東京をまねする必要はない。

かつて大阪市を近代化した関一は、市政の目標を「住み心地よき都市（アメニティ）」に置いた。大正デモクラシーの時期には、東京をはじめすべての日本の都市政策は大阪の都市計画をモデルとしたのである。

関一は、日本の都市政策の理論と実践を総合した最高の市長で、1914年から1935年に亡くなるまで約20年にわたって大阪市の助役・市長であった。彼は大阪の産業基盤となる港湾、道路・橋梁、市電、地下鉄、電灯事業などを建設すると同時に、労働者公益住宅、上下水道、中之島・大阪城の景観をつくり、最初の自治体立の大阪商科大学（現大阪市立大学）を文化の殿堂として創立した。当時、都市計画ならば関の大阪に聴けといわれるほど、日本の都市政策をリードし、財政改革など自治権確立の先頭に立っていた。

彼は、東京高等商業学校（現一橋大学）の看板教授から大阪市の助役そして市長となったが、都市政策に科学が必要として、1926年に大阪市政のシンクタンクとして大阪都市協会をつくった。

その大阪都市協会の創立総会において、中川望知事が都市格についてのべた後、岡実（元毎日新聞会長）がちがった角度で都市格についてのべている。「我が国都市の特色」という記念講演で、「日本は天子のいる権力機関のあるみやこがあるが、市民の自治都市はない。市民が自らの人格を確立したら、次には市民自治の都市格のある街をつくらねばならない。そのために都市に行政権と財政権を移譲せよ」といっている。これが、都市格論のはじめであろう。(7)

私は、この都市格という言葉を発展させ、大阪は東京の物まねでなく、先を見越した独自性の発揮が必要と考えてきた。自然を再生し、研究・教育機関を市内に戻すなど、発想を転換すべきだ。大阪の再生には都市格を高めることが重要である。

大阪都構想が出た機会に市民は歴史を振り返り、改めて第二都制ではなく、大都市自治体としての大阪市をどう維持するかを考えてほしいものである。

(4) 大阪都構想の否決とその後

2015年5月17日、「大阪都構想」に対する住民投票は反対70万5585票(50・38%)対賛成69万4844票の小差で否決された。投票率は66・83%でこれまでの地方選挙と比べ高い投票率であったが、約3分の1の市民は関心がないか、よくわからずに投票しなかったことになる。橋下大阪市長は大阪市を壊すという政治目標を掲げて7年間、活動した。先述のように大阪市民の中には、大阪の現状に批判的で、現状を打破するという橋下市長の言動を支持する空気があって、文字通り「橋下ファンクラブ」として熱狂的な活動をした。一部のマスメディアは橋下市長の圧力が強く、大阪都構想に賛成な世論を指導した。これが異常な賛成票の背景にあった。これに対して反対派は維新の会以外の自民党、公明党、共産党、民主党の連合で意見に差があったが、終盤では沖縄に倣って、「オール大阪」で大阪市制を守れと連帯し、激しい活動をした。地域の自治会、医師会、商店会などの市民組織がこれに加わった。これまでにない熱気を持った両陣営の運動のために、終盤まで予想のつかない展開であった。まさにかろうじて、大阪市は維持されたのである。

選挙の結果の詳細な分析はまだない。新聞などでは反対派は子どもを持つ主婦と高齢者、賛成派は若者と中年男女として、福祉・医療・文化の維持を望む層と、現状打破で大阪の開発を望む層としている。地域的にみれば南北問題といってよいように北の地域は賛成票が多く、南の地域は反対票が多数を占めた。これは南の住民は定住性が強く、歴史的な伝統のある大阪市の存続を望み、北の住民は絶えず流動する移住性が強く、大阪市がなくなることについて痛みを感じていないといえるのではないか。これは住民の自治意識、歴史認識、大阪市を愛するかどうかなどを判定する重要な資料である。今後の大阪を考えるために、住民投票の結果について、ぜひ政治社会学者の分析が望まれる。

この住民投票は憲法に関する国民投票の前哨戦といわれている。今回の投票について、共通した住民の不満は、内容が複雑で、地域経済や市民生活に大きな影響のある市制廃止という課題について、十分な議論と熟慮の期間を置かずにイエスかノウかという二元的な判断を強いたことである。議会ではいったん否認されていたものを公明党の転換で住民投票に持ち込んだが、これはもっと議会で討議を重ねるべきでなかったか。住民投票によって市長が判断したことで有名な長野県佐久市の文化会館の建設問題のように、課題がひとつの場合は、住民は判断できる。しかし複雑な課題について住民投票で決定するためには、よほどの時間と学習が必要ではないか。改憲の国民投票は大阪都構想以上に国民の熟慮が必要である。今回のように政党間の争いで決着をつけようとすると、大きな混乱が起こるのでないか。

住民投票の結果、敗北した橋下市長はいつものように狂乱して、反対派を悪罵するのでなく、さわやかな印象を与えるように敗北の弁を語り、政治家を辞めると宣言した。これはマスメディアやファンに好印象を与えて、もう一度出馬して欲しいという世論を引き出すジェスチャーであったのか、それとも民主主義の結論として、第二の人生を選ぶための潔い引退なのかは、今のところ判らない。安保法制が世論から「違憲」としての強い反対を受けて、苦境に立つ安倍首相を援護するために上京したところを見ると、政治家に縁を切るとは思えない。一部のメディアやファンは橋下を次の首相候補に持ち上げたことがある。特に政治家人材払底の関西では、メディアにとって、橋下がいなくなると困るといわれ、復活待望がある。しかし、彼のこの7年間を振り返って客観的に評価して欲しい。公務員・教員たたきをし、それも違法と思えるような乱暴な措置を取り、行財政権を乱用して、福祉や文化行政を縮小したが、大阪の経済や市民の生活の向上に革命的に寄与したものがあるであろうか。彼の欠陥は批判とくに学者の批判を受け付けないどころか、ときには悪罵の限りを尽くして、相手の人格を否定するところにある。大阪を壊した後のビジョンはカジノ以外にないのでないか。大都市は一国の経済と文化を代表する。かつての関一のように都市の哲学を持ち、国際性豊かな人物でなければ、市長にふさわしくないのではないか。私は彼自身が述懐しているように、ワンポイントリリーフの役どころでないかと思う。大阪市の歴史をかく乱したが、これで政治から去って欲しいと思う。

住民投票の結果は、橋下流の制度破壊でも、また今の大阪がこのままでもよくないことが明らかになり、大阪の未来についての議論と提案が必要なことが明らかになった。しかし大阪地域の社会科学的な研究は遅れている。また20年前の「大阪をあんじょうする会（大阪都市環境会議）」のような都市政策に影響を与えるような文化的市民運動が衰退している。若い人たちにとっては、今大阪を研究し、新しい市民運動を起こすチャンスが来たといってよい。今後の大阪に期待したい。

※ この本は「はじめに」でのべたように、講演原稿を修補したものだが、「『都市格』のある街を」（『世界』2012年7月号）の中から一部を引用。また「予防原則から再開阻止を」（『環境と公害』2014年夏号）を掲載し、それぞれ加筆している。

注

1 桜井国俊「日本の未来を奪う辺野古違法アセス」普天間・辺野古を考える会主催の講演（2015年1月12日、法政大学）

2 富野暉一郎「地方自治体と安全保障政策」宮本憲一・川瀬光義編『沖縄論』岩波書店、2010年

3 沖縄問題特に基地問題と沖縄振興政策については、前記宮本・川瀬編『沖縄論』

4 大島堅一『原発のコスト』岩波新書、2011年

5 諸富徹『「エネルギー自治」で地域再生を―飯田モデルに学ぶ』岩波ブックレット、2015年

6 吉田文和、ミランダ・シュラーズ監訳『ドイツ脱原発倫理委員会報告』大月書店、2013年

7 岡実「我が国都市の特色」『大大阪』第1巻第1号、1936年12月

Ⅱ　憲法と地方自治——戦後史の教訓——

戦後の地方自治は、いま大きな分岐点に立っているといってよい。ここでは、改めて憲法における「地方自治の本旨」とは何かから検討したいと思う。

1　戦後改革と「地方自治の本旨」

戦後の民主化政策で最も重要な改革は中央集権から地方自治への改革であった[1]。まず改革は完全な普通選挙制度を施行した。これによって20歳以上の成年男女は参政権と地方自治権を持つことになった。

行政機構の改革では、都道府県が国の出先機関から広域行政と市町村の連絡・調整を行う自治体になり、知事は官選から公選になった。政令指定都市制度によって、大都市の自治権が拡充された。司法権を持ち地方行政を支配した内務省が解体し、のちに自治省さらに総務省になったが、制度上は国と自治体の連絡・調整機関であり、支配・命令機関ではない。天皇の公吏は住民への奉仕者として地方公務員になり、地方団体は法制度上、国の下部機関ではなく独立の法人となった。天皇制と中央集権官僚機構の改革は、戦争責任を明らかにし、戦後改革の終点であるはずであったが、占領軍は過度の民主化を恐れ、統治機構の安定のために、天皇を処罰せず、象徴として残し、中央官僚機構は温存した。

財政制度は地方自治制度の確立に合わせてシャウプ勧告によって改革し、自治体は財政権が確立した。しかし占領軍の統制経済、さらに所得倍増計画や全国総合開発計画など上からの地域政策が始まり、財政面では国庫補助金制度と機関委任事務制度が主導権をもち、天下りの中央官僚が地方政治・行政を支配していた。このため戦後憲法体制は、理念上は福祉国家を指向していたが、実態は経済成長をすすめる「開発国家」あるいは「企業国家」となり、現実の国民生活は憲法の理念から遠い状態になった。

自治体の内政事務は大幅に増えた。1947年の学制改革で初等教育は6年制から9年制になり、中学校は市町村、高等学校は都道府県の事務となって、行政から独立する教育委員会が設置された。公共事業は防災、道路・港湾などの交通手段や都市計画事業等で大幅に増え、基本的人権を維持するために生活保護・保育などの福祉・民生事業が始まった。

こうして戦後改革で、自治体は全行政事務の6割、内政事務のほとんどを引き受けることになった。工業化・都市化は急激な道路の整備、上下水道、公園、学校などの社会資本の建設を要求し、自治体の国民経済に果たす役割は急増した。

この増大する事務を賄うために独立財源が付与された。大正デモクラシーの時代の要求であった地租・家屋税（償却資産を入れて固定資産税）・営業税（事業税）が地方へ移譲され、1940年改革後の住民税が整備され自治体の主要財源となった。

しかし、急激な事務の増大と地域経済の不均等発展による財政力の不均等のために、財政の自治は保障されなかった。このため、教育水準や生活保障等の全国水準のナショナルミニマムを維持し、またひも付きの国庫補助金でなく地方自治を保障するために、他国に例を見ない地方財政平衡交付金制度（後の地方交付税交付金）が制定された。

このような行財政の改革は地方自治の前進になったが、しかし新しい中央集権が始まった。事務の面では、地方団体の固有事務、団体委任事務、機関委任事務に分けられた。前二者は自治事務である。

それに対して、機関委任事務は国の下部機関として委任されているので、知事あるいは市町村長がそれを採用しない、あるいは削減すれば、彼らは行政裁判にかけられる。その措置が妥当でないとされれば、処罰される。機関委任事務は戦前から国が自治体を支配するためにつくられたものだが、これが戦後に残り、行政面から国が自治体を支配する手段となった。

問題は高度成長期以後、これがふえていったことである。都道府県では事務の60％以上、市町村の場合も20～30％が機関委任事務であった。また戦前から国の政策を遂行させるためにつくられた国庫補助金は最盛期８００件を数え、歳入の4分の1～5分の1を占めていた。

これに対して、地方交付税交付金は国税の一定部分をひもの付かない自治体固有の財源とする優れた制度だったが、実際には基準財政需要や補正係数を国が決めるため、自治体の財政は国の方針に従わざるを得ない面を持っていた。また地方債も財政投融資計画に入るので許可制であった。このように地方自治が憲法上は保障されていても、実態は政府の方針に従う下部機関のような制約があった。

⑴「地方自治の本旨」

戦後改革の理念は憲法によっている。戦前の天皇制憲法には地方自治あるいは地方行財政について、全く書かれていない。戦後憲法は第8章で地方自治を規定している。

「第92条　地方公共団体の組織及び運営に関する事項は、地方自治の本旨に基づいて、法律でこれを定める」

韓国の行政学者盧隆煕（Yung Hee-Ro）ソウル大学名誉教授は韓国憲法では地方自治の規定にこの「地方自治の本旨」がないことが欠陥だといっている。

この重要な地方自治の本旨とは何をさしているのか。星野光男『地方自治の理論と構造』

によると、占領軍の中では地方主権論（住民自治）と中央統治のための分権論（団体自治論）が対立し、その妥協の産物として、どちらにも取られるように「地方自治の本旨」という言葉がつくられたとされている。(2) 日本の憲法学会も杉原泰雄『地方自治の憲法論』によれば、第9条に関する議論ほどには地方自治について十分な検討がされてないという。これはいままでの憲法論者が民主的中央集権説で、中央政府が民主的であれば民主主義が確立するとして、地方自治を人間の基本権で民主主義の基盤であると考えていなかったことによるという。したがって、国の承認によって地方自治の権限が決まるという承認説や、地方自治は国家の存在を予定した相対的なもので、憲法によって制度保障したという制度保障説で、自立した概念でないというのが、通説になっていたという。

通説を破って、地方自治を憲法の精神に沿って、住民の固有の人権とし、民主主義の根幹としたのは、戦後の住民（市民）運動であり、特に革新自治体の成果であったといってよい。

私は、地方自治を「住民自治を基礎として団体自治が確立すること」と規定してきた。さらにこれに加えて杉原泰雄の「充実した地方自治」説のように、事務配分の地方団体優先原則、事務配分に見合った自主財源保障の原則を入れるのが、日本の「地方自治の本旨」であると最近は考えている。(3)

(2) 全体の奉仕者としての公務員

この地方自治の本旨を実際の行政で支える公務員について憲法は重大な規定をしている。

「第15条2　すべて公務員は全体の奉仕者であって、一部の奉仕者ではない」

戦前の地方団体の職員は一部が内務省などから来た官吏であり、それ以外は公吏であった。つまり天皇に一身をささげ、政府に奉仕をする職員である。政党政治が華やかな時期には、行政は政党政治に奉仕させられた。例えば政友会が政権を取れば府県知事どころか末端の警察官にいたるまで、政友会に奉仕する人材で固められた。市町村では地主などの地方の名望家が首長になっている場合には、職員は縁故で採用され、農村では召使いのように使われ、有力者の利益に奉仕していた。これでは民主主義の基盤である地方自治は天皇の自治、有力者（地方ボス）の支配になってしまう。

戦後憲法の規定はこのような非近代的な関係を廃し、国民主権のもとにおける公務労働の本質を規定したものである。「国民全体への奉仕者である」ことこそ公務員の魂でなければならぬが、占領軍は中央官僚機構を解体しなかったので、現実には公務員は「政府の官僚」としての性格を残し、その改革は残された課題となった。

憲法を遵守して、地方自治と全体への奉仕者としての公務員像をつくり上げようとしたのは旧自治労の地方自治研究活動であり、革新自治体であった。

2 自治研活動と革新自治体の教訓

私は最近『戦後日本公害史論』を出版した。この中で、戦後70年の歴史の教訓として、高度成長を讃える論調が多いが、その過程で起こった史上例を見ない深刻な公害を克服したことは、それ以上に評価できるのでないかと書いた。この日本独自の解決の道が、戦後憲法の民主主義を最大限に活用した革新自治体による行政と公害裁判であった(4)。

1960年初頭、まだ日本はもとより、欧米では環境行政の官庁や法制もなく、公害の科学は公衆衛生学以外になかった。この状況を名もなき市民が声を上げて、公害反対の世論と運動を始め、研究者・弁護士・医師などが協力した。

この市民運動を生むきっかけになったのが、当時の自治労が1957年から始めた地方自治研究活動である。1960年代当時、中央政府の経済復興・地域開発のために自治体行政が動いていた状況を改革するために、「地方自治を住民の手に」をスローガンに研究活動がすすめられた。これによって、市民は地方自治の必要性を、自治体労働者は全体への奉仕者としての公務労働のあり方を学んだ。

1961年「地方自治の夢と現実」というテーマで開かれた自治研静岡集会で、四日市市職労・三重県職労が初めて当局が秘密にしていた資料を公開し、四日市コンビナートが深刻な公害を出していることを勇気をもって告発した。当時、四日市型開発が地域開発のモデルとなっていただけに全国に衝撃を与えることとなり、公害の恐怖が全国に広がった。公害反対を世論にする契機となった庄司光と私の『恐るべき公害』は、自治研の提出した課題を受けて国際・国内的調査と研究をし、出版したといってもよい[5]。

その後、政府の公害対策を転換させる契機になった静岡県三島・沼津・清水2市1町のコンビナート誘致反対闘争の勝利は、"No More Yokkaichi"で始まった。企業や政府の政策をストップさせたこの勝利の運動を模して、全国に市民運動が広がった。

この市民運動は、次の点でいまなお無限の教訓を与えている。第1は市民の生存権や健康権という戦後憲法で保障された基本的人権を守る運動であったこと。第2は被害救済や事後的防止策にとどまらず、予防を目的として、住民自ら環境アセスメントを行ったことである。地元の国立遺伝学研究所や沼津工業高校の専門家たちが環境アセスメントを行い、「公害が発生する恐れがある」とした。政府はこれに対抗して、史上初めて環境アセスメントを行い、政府調査団は「公害の恐れはない」と結論を出した。両者の論争の結果、政府の調査に誤りがあることが明らかとなった。第3はこの運動が市民の自由な共同行動であったことである。この運動には労組も政党も入っていたが、主導権をとるのではなく、「縁の下の力もち」のような役割を担った。部落会、町内会、農協、漁協、医師会、商工会議所のメンバーも行動に参加していた。第4は学習運動であったことで、学習・調査・白書づくりという教育活動を通じて運動が広がった。これが三島・沼津型運動といわれた方法論で、以後、住民運動の原則となった。第5は自治体改革運動であったことで、市民運動が政治への影響力をもつ口火となった[6]。

政府、静岡県、企業もこの運動の力に屈して建設を撤回した。戦後初めての市民運動の勝利は、公害反対・福祉を求める世論と運動を広げ、その市民運動を基盤に革新政党と総評などの労組が統一して、自民党政権に反対する首長を立てる自治体が増えていった。これが革新自治体で、大都市圏を中心に全自治体の3分の1を占め、その影響下の人口では2分の1に達した。それは革命をするのでなく、平和、基本的人権、民主主義に基づく憲法体制を維持・発展させるという目標を掲げた。例えば、公害対策基本法（1967年制定）が、企業の利益を優先して経済成長と生活環境保全の調和をはかるという調和論の法律であり、事実上公害を広めていると反対した。

特に、東京の美濃部亮吉知事の都政は、企業に最大限の公害防止義務を課し、環境基準を強化する画期的な東京都公害防止条例を提出した。政府は、この条例は法律違反であると批判し、都に地方債の発行を認めないなどの圧力を加えた。しかし、全国的には公害が深刻になり、国際的にも日本の公害への批判が強まるなかで、政府は世論に屈伏し、1970年末に公害国会を開き、公害対策基本法を全面的に改正した。翌年、環境庁が発足した。

このように革新自治体の行政は、公害国会を開かせ環境14法体系を生むなど、公害対策の先端を走り、また福祉国家を代置して、老人・身障者介護や保育所などの福祉や教育行政をすすめた。それは、憲法を暮らしの中に生かす政治の実現にあった。中央政府が自民党独裁であった時代に政治・行政を変えたというのは日本の歴史で初めての経験である。

革新自治体の行政は、このような憲法に基づく福祉国家の行政を政府に代っておこなったことから財政が膨張し、財政改革も焦眉の急を要する課題となった。最も大きな話題となったのは、1973年から76年8月に至る5次にわたる東京都「大都市財源構想」であった。財政学者に加え宇沢弘文、伊東光晴というメンバーが入り、集積利益、集積の不利益など都市経済の理念を軸に法人二税・固定資産税の増税、事業所税の新設をうながした。また、国税を含めて税の不公平・不公正をなくすための税制改革案を提案した。大阪では、1974年に「大都市圏域における税財源拡充構想」を出し、東京の提案と同様の趣旨ながら、具体的に大都市化に伴う財政需要増大の内容を示し、税法上の適合性を示しながら、法人二税の超過課税などを提案し実現した。しかし、石油ショック以降の不況に直面し、改革は中途半端に終わった(7)。

革新自治体は、社会党と共産党の分裂と公明党の保守化という政治の変化を契機に退潮に入った。直接の挫折は、70年代の資本主義の行きづまりと石油ショックによる世界不況が始まり、日本でも高度成長が終焉し、国家財政が戦後初めて赤字になったことによる。構造的には、経済成長から環境や福祉への政策転換に財政改革が追いつかなかったためである。

もともと革新自治体は産業政策がなく、大企業への規制と中小企業への社会政策しかなかった。これでは、経済的・財政的手段のないまま福祉的行政だけが膨れ上がるという基本的欠陥があったといってよい。また住民や支持団体の側にも、自ら提言して協力するというよりは、要求だけけして首長の善政に待つという陳情活動が多かったこともある。

このような欠陥をつかれて、革新自治体退潮後は都市経営が流行となり、それは次の新自由主義の門を開くことになった。不況と新自由主義の潮流のすすむ中で、約20年にわたる革新自治体は終わりを告げることになった。いま改めて革新自治体の正確な決算書をつくり、その歴史的教訓を明らかにする必要があるであろう。

3　分権改革・三位一体改革・市町村合併と自治体

80年代半ばには都市経営の時代に入り、１９７０年代末から始まったスタグフレーションの解決のために、先進国は福祉国家の政策を止め、サッチャー、レーガン、中曽根という3人の政治家に代表される、民営化、規制緩和、小さな政府という新自由主義改革が始まった。このため、いままで聖域といわれた福祉や教育の補助金削減や制度改革が始まり、所得再分配的な税制からフラットな税制への移行が始まった。小さな政府の改革は、競争的地方自治による分権化もすすめることになった。

イギリスではサッチャー政権が、国有企業を民営化し、労働や環境の規制を緩和して、小さな政府にする新自由主義の政策をすすめた。中央政府の福祉・教育・医療などの役割を縮小し、民営化または地方に「分権化」した。すなわち、新自由主義の流れのなかに、分権化という「小さな政府」論も含まれていた。分権化は住民自治を保障するようにみえるが、目的は国の財政節約のための分権化である。国公有の産業部門は民営化すると同時に、国民の財産を民間に売り渡し、福祉・医療・教育などの社会サービス部門も市場化した。こうして公共サービスは縮小し、労働条件は悪化し、国民の貧富の格差も広がった。

ＥＵの場合には、分権化の事情は異なっている。経済の国際化は国民国家の役割を変えた。

貨幣はユーロに統一、財政権は各国に残されているものの農業・環境政策などはEUの政策に規制された。これと同時に、内政の分権化もすすめられた。1985年、ヨーロッパ評議会閣僚委員会は「ヨーロッパ地方自治憲章」を採択し、1988年9月1日に発効した。これはEU参加のほとんどの国が採択した世界最初の多国間協定である。ここでは「近接性の原則」によって内政の基本的部分は基礎的自治体に付与し、それが不可能な部分についてては「補完性の原則」で広域団体や国が行うものとされている。地方自治が住民の基本的権利とされている。(8)

日本の場合、1993年、国会は全党一致で「地方分権推進に関する決議」を行い、1995年「地方分権推進法」に基づき地方分権推進委員会が発足した。これは東京一極集中の弊害が大きくなったことが主な理由である。以後この答申に基づいて、政府は1999年、475本の法改正を伴う「分権一括法」を提案し、2000年から「改正地方自治法」に基づく行政が行われている。この改革の評価は多くの論文が出ているので、ここでは紹介を省略し結論だけを述べる。(9)

分権推進委員会は、この改革を明治維新と戦後改革に続く「第3の改革」と標榜していた。研究者が委員に多く入っていたので、当初は「ヨーロッパ地方自治憲章」を指針のひとつとした。しかし具体的な改革案が示されるにつれて中央官僚機構からの批判が強くなり、根本的な事務配分よりは地方事務に対する国の関与を改革することになった。

最も大きな改革は機関委任事務を廃止したことである。当初80％が自治事務になる予定が55％にとどまった。代わりに法定受託事務が制定された。これは機関委任事務と違い、地方の自主性が認められ、異議申し立てができるようになった。しかし地方自治法の別表に羅列されている項目を見ると、あまりにも重要項目が多く、自治権が完全に確立したとはいえない。しかも機関委任事務と同じように、国が委託しながら、その財源は国庫支出金で賄うのでなく、自治体の負担もあることになっている。

地方分権一括法251条ではこのために地方財源の充実確保について、経済情勢を見ながら必要な措置を講ずると書いているが、この措置が遅れ、小泉内閣の時に三位一体の改革が行われた。

分権化にふさわしい財源の確保は、戦後改革以来の課題であった国庫補助金の廃止と国税所得課税の地方への移譲である。しかし小泉内閣は、この改革のなかで、国の財政再建をすすめた。このため、国庫補助金は4・7兆円削減、それに伴う国税所得税から地方住民税への移譲は、3兆円にとどまった。当然地方交付税を調整せねばならぬところを、国の財政節約のために交付税を5・1兆円削減した。

この結果、三位一体改革によって約6兆円の地方財源の縮小が行われたことになる。分権化が国の財政再建の手段にされるという悲劇となった。以後、地方財政政策は住民サービスの向上よりも財政節約競争になり、地方自治の発展ではなく、停滞へと向かうことになる。

この危機の状況下で、市町村合併が強行された。分権化による民生事務の増大に対して、基礎的自治体の行政力強化のために規模拡大をするというのが、表向きの理由だが、現実には財政危機で展望の見えなくなった自治体に対する合併特例債による救済策のようなものであった。合併によって、議員やサービス部門の職員の人件費が縮小した。また地域内での合併条件としてつくられた無駄な施設が多く建てられた。

これまでの市町村合併は住民自治を破壊するマイナスを持っていたが、国の行政としてみれば、明治の合併は義務教育の施行や役場機構の整備であり、昭和の合併は中等教育、民生事業、公共事業など戦後復興を目的としていた。

しかし平成の合併は、財政再建以外に住民の福祉の向上とはなっていない。それどころか都市とも農村ともつかないような広域の自治体をつくり、合併後の周辺部の行政サービスの低下と過疎化が進行した。東日本大震災の救援や復興が遅延するのは、明らかに市町村合併の失政といってよい。

こうして、当初の分権推進委員会の「第3の改革」は中途半端に終わり、大きなマイナスを抱えることになった。分権化という団体自治の強化は曖昧な結果に終わり、他方、住民自治を破壊したのではないか。

注

1　この項の詳細な説明は、宮本憲一『日本の地方自治　その歴史と未来』自治体研究社、２００５年
2　星野光男『地方自治の理論と構造』新評論、１９７０年、１９７４年増補版
3　杉原泰雄『地方自治の憲法論』勁草書房、２００２年
4　宮本憲一『戦後日本公害史論』岩波書店、２０１４年
5　庄司光・宮本憲一『恐るべき公害』岩波新書、１９６４年
6　宮本憲一編『公害と住民運動』自治体研究社、１９７０年。星野重雄・西岡昭夫・中島勇『石油コンビナート阻止』技術と人間、１９９３年。宮本憲一編『沼津住民運動の歩み』日本放送出版協会、１９７９年
7　宮本憲一『財政改革』岩波書店、１９７７年
8　廣田全男「補完性原理と『地方自治の本旨』」白藤博行他『地方自治制度改革論』所収、自治体研究社、２００４年
9　西尾勝『未完の分権改革』岩波書店、１９９９年。西尾勝『地方分権改革』東京大学出版会、２００７年。村松岐夫・水口憲人『分権』啓文堂、２００１年。市町村合併と三位一体改革については、川瀬憲子『市町村合併と自治体財政』自治体研究社、２００１年。全国町村会「平成の合併をめぐる実態と評価」２００８年

Ⅲ　自治・平和・環境をもとめて

1　歴史は未来の道標―住民の運動が政策を変える―

戦後70年の節目を迎え、その成果と失敗を総括する作業が始まっている。この中では奇跡といわれた高度経済成長を実現した日本人を讃える論説が多い。しかしこの時期に、同時に世界を震撼させた水俣病や四日市大気汚染等の深刻な公害が日本人を襲った。欧米の研究者は当時の日本は近代化に伴うあらゆる公害が発生しているとして、「公害先進国」と名付けた。それをどのように克服したかということは、高度成長の成果と同様に重要な日本人の業績として評価されてよい。

公害は、水俣病のように企業の犯罪的な行為によって起こる例もあるが、全国的に日常的に発生する環境破壊は政治経済システムの欠陥に起因する。高度成長期は汚染物の多い重化学工業が、人口の密集した大都市圏に立地し、企業は利潤の極大化のために公害防止の経費を節約した。鉄道から自動車中心の交通体系へ急激に移行し環境は汚染された。戦前の日本人は倹約を美徳としていたが、戦後は企業の大量生産に応じて資源の浪費と大量消費・廃棄による生活様式に変わった。このように市場経済は、公害を多発する社会構造に変えたが、生活環境を守るべき政府は高度成長政策に走り、公害対策のための法制や行政をすすめなかった。それどころか空港や高速道路などの公共事業での公害を発生させた。

公害は、人間の生命・健康・生活環境に被害を与えるだけでなく、家族やコミュニティを危機に陥れる。公害病は、水俣病のように労働災害から類推する場合が多いが、環境汚染を媒介するので、労災に比べ原因は複雑で、病像は多様だ。このため被害者が告発しなければ、潜在化してしまう。

公害の社会的特徴は、被害が高齢者・年少者・病弱者などの生物的弱者に、また低所得者・下層中産階級などの社会的弱者に集中し、自己責任では解決できず、社会的救済が必要である。また人命の損失や自然破壊のように不可逆的・絶対的損失を伴うので、予防が最も重要な公害・環境政策である。

日本人は、新しい社会問題に直面すると、欧米に先進的な例がないか探すのだが、1960年代末まで、欧米にも環境法制や環境庁はなかった。当時大学に環境の学部・学科はなく、日本の国語の辞書には公害という言葉はなかった。このような状況を変えたのは、生命・健康と生活環境を守る住民の世論と運動である。欧米の研究者は、日本の環境政策を創造したのは、この下からの住民の力だと評価している。なかでも、政策に強い影響を与えた事件はすでに紹介したように三島・沼津・清水2市1町の石油コンビナート誘致反対の市民運動だった。

日本の公害対策をすすめたのは2つの道があり、1つは先述したように市民運動を背景に革新政党や労働運動が自治体の首長を変え、いわゆる革新自治体を誕生させたことである。その政策によって、公害・福祉などの都市問題の解決の道を開こうとした。東京都公害防止条例をきっかけに、政府も世論に押されて公害国会を開き環境関連14法を制定した。1971年環境庁が設立され、ようやく公害対策が軌道に乗った。

もう1つは、企業城下町で差別されていた被害者を救済する手段としての公害裁判である。この裁判は、従来の財産権の賠償でなく、生命・健康という人格権侵害の救済にある。しかも被害者は多数であり、四日市の場合は加害者も複数で、これまでのように個別因果関係を証明することは不可能である。このため研究者の協力で、若い正義感にあふれた弁護士が疫学的証明を軸に企業責任の明確化と被害の救済の独創的な法理をつくった。世論の影響もあって、すべて原告の勝利に終わった。

この影響で、政府は1974年、行政が公害被害の民事的救済をするという世界で初めての公害健康被害補償法を施行した。これによって、産業公害の紛争の解決の道をつけた。

これと前後して、大阪空港公害裁判をはじめとして公共事業による公害の救済と差し止めを求める裁判が始まった。ここでは公共性と環境権という新しい課題が登場し、初めて国が裁かれ、民事賠償が確立した。

これは、戦後憲法体制の下で地方自治と司法の自立という民主主義の成果だ。

1975年に高度成長が終わり、80年代にかけて革新自治体が衰退し、新自由主義がすすむと、二酸化窒素（NO_2）の環境基準緩和、水俣病の患者切り捨て、公害健康被害補償法の大気汚染患者救済打ち切りなど環境政策の後退が始まった。このため西淀川公害裁判など第2次の都市複合公害裁判が始まり、いずれも勝訴和解をしたが、自動車公害は続いている。

経済のグローバリゼーションと冷戦の終結とともに環境問題は国際政治の中心課題となった。もはや企業も成長のためには公害・環境破壊をおこなうことはできず、公害・環境保全対策を経営に組み込まざるを得なくなった。公害防止の技術、特にエネルギーや資源の節約技術や産業構造の改革が進み環境産業も発展した。80年代後半、環境の科学は学界の大きな分野を占めるようになった。大きな変化である。

しかし、政治経済システムが完全に変わったのではなく、経済成長優先の政策がすすんでいる。このため公害はなくならず、いま原発災害という最悪の公害が起こり、アスベスト（石綿）災害のように過去の有害物の蓄積が被害を出すストック（蓄積）公害が発生している。

また日本の環境政策は依然として、予防、特に環境影響事前評価が各国に比べ著しく不備なために、都市景観や沖縄などの貴重な自然の破壊が続いている。原発・アスベスト災害の予防は緊急課題である。

いま安倍政権は、福島原発災害事故の原因が明らかにならず、復旧の日途が立たないうちに、原発の再開を決め、あろうことか原発輸出をすすめている。これまでの原発神話は全くの虚偽であり、放射能廃棄物の処理ができず、子孫に永久に負担を残すような倫理的に許せない政策が続けられている。自然エネルギーの導入で、原発の代替は、技術的には可能であるにもかかわらず、電力会社の要求でその発展が抑制されている。地球温暖化対策のためのエネルギー計画では、原発が全体の20〜22％を維持するという、驚くべき計画が示されている。70年代の公害対策では、日本は世界最高といわれたが、今や地球環境政策では日本は最低と評価されている。原発の再開は最悪の災害を再発する可能性がある。

アスベストについては、2005年、クボタショック（兵庫県尼崎市の大手機械メーカー・クボタ旧工場の周辺住民へのアスベスト疾患）を明らかにした勇気のある被害者と支援者のおかげで、潜在していた被害が表面化した。2004年まで年60人しか認定されなかったアスベスト労災認定患者は、いまや全都道府県にわたり約8000事業所で発生し、年間の労災認定患者は約1500人を超えている。政府があわてて2006年にアスベストの全面使用禁止をし、労災補償に比べて不備ではあるが石綿被害救済法をつくった。これによってすでに1万人が認定されている。このなかには過去の労災未認定患者だけでなく、公害や家庭内被害者が多くを占めている。被害者は、産業労働者だけでなく、教員・商店主・作家など全業種に及ぶといってもよい。労災・公害・商品害が複合・連鎖する典型的な産業災害である。

まだ民間に推定約３００万トンのアスベストが蓄積された建材があり、解体や災害の過程で、被害を出している。アスベストに暴露された人が発病するのは10~50年かかるので、おそらくこれから被害のピークが始まり、２０５０年までは被害が続くであろう。今後はこのようなストック（蓄積）公害や化学物質による複合災害が発生していくに違いない。

２０１４年10月9日、最高裁は泉南地区アスベスト災害について、初めて国の責任を認める画期的判決を下した。泉南地区はアスベストを織物加工する工場が最も早く創業し、１９３７~１９４０年には厚生省の研究チームが石綿肺の多発を報告するなど、日本のアスベスト災害の原点といってよい地域である。最盛時２０００人の労働者がいて、多数の被害が出ていたと思われるが、韓国人や被差別部落の人が多く働いていたこともあって差別され、被害が表面化しなかった。クボタショックで、初めて一部の被害者が救済を求めて裁判を提起した。すでにほとんどの企業が休廃業しているので、国の責任を問う裁判が提起されたのである。しかしこれまで政府は、アスベスト対策の不備はあったとしても「行政的不作為」はなかったとして、法的責任を認めていなかった。

最高裁小法廷は次のような判断基準を示した。「労働環境を整備し、生命、身体に対する危害を防止するため、国は技術の進歩や科学知識に合うよう適時適切に規制権限を行使すべきだ」とし、また「規制権限の不行使が許容される限度を逸脱して著しく合理性を欠くと認められるときはその不行使による被害を受けた者との関係で違法」とした。これは規制の基準を行政の裁量や費用便益分析の比較衡量に任せず、被害者の基本的人権擁護においたものである。公害裁判の人格権を最高の権利とする成果が継承されたといってよい。この判断のもとに学界で被害が確定した1958年から、予防設備を義務付けた1971年「特定化学物質など障害予防規則（旧特化法）」まで政府が規制を行使しなかったことを違法とした。そして賠償の2分の1を国の負担とした。

政府は厚労大臣が現地で被害者に謝罪して、今後の対策を取ることを言明した。この判決は責任の期間が狭いなどの欠陥があるが、問題解決に大きな一歩となり、今後の建築労働者の裁判さらに教員や公務員などの被害者や公害患者の救済に寄与するだろう。

2　都市政策としての「都市格」

(1)「都市格」とは

都市政策に科学が必要だとして理論と実践を総合した市政をすすめたのは、大阪市長だった関一である。関は東京高商（現一橋大学）教授時代に政策論、特に社会政策を研究し、工場法（労働立法）の草案の策定に関係した。彼は社会政策が国家の手で所得補償としておこなわれるだけでは不十分で、労働者の住宅、生活環境・福祉の充実が必要として都市社会政策を提唱した。彼は大学をやめて助役・市長として20年間大阪の近代化をおこなった。

関の思想は今日でも生きている。先述のように、岡実が関の都市政策の目標を示した都市格の理念は今日でも生きている。木津川計は都市格として、①文化のストック、②景観の文化性、③発信する情報の3点を挙げている。そして都市格は文化の視座でしか測れないと述べている。木津川は文化行政を考えるときの目標として示しているが、私は岡実のように都市政策の目標として、総合的に都市格をとらえている(1)。

ここでは都市格のあるまちとして、誰もが認めるであろう2つの都市を取り上げて考えてみよう。

(2) 「都市格」のある二つの都市

① ボローニャ

アメリカの都市経済論者ネッツア(Dick Netzer)はグローバリゼーションのなかで、世界都市の優位が語られるなかにあって優れた地方都市の台頭が見られるとして、その典型をイタリア中部のボローニャ(人口40万人)とした。ボローニャについては、都市論のジェーン・ジェイコブス(Jane Butzner Jacobs)、政治社会学のパットナム(Robert David Putnam)、地域経済学のセーベル(Charles F. Sabel)、日本では劇作家井上ひさし、創造都市論の佐々木雅幸や私など多くの研究者や文人が紹介している。[2] 世界の都市の中で、都市論の古典であるマンフォード(Lewis Mumford)の『都市の文化』の思想を実現し、また地球環境の危機対策としての維持可能な都市(Sustainable City)のモデルを考える最もよい街のひとつがボローニャと考えている。それは次の特徴からである。

歴史的街区保全再生と現代的市民生活の両立

ボローニャは美しい歴史的景観のコンパクト・シティである。郊外開発を止めて歴史的街区の都心の景観を残したまま再開発し、初期にはこの便利な都心人口の3分の1は低所得者が住めるような社会政策をおこなった。貴族の館などを破壊せず保健所・福祉施設・劇場などに転用し、地産地消で食料を近郊農村と連帯して移入している。

教育・文化施設と日常生活の結合

世界最古のボローニャ大学・職人学校などの教育機関が充実している。芸術・文化施設とその組織と市民の日常生活を結合して、多様で多数の施設がある。井上ひさしによればミューゼオ（美術館・博物館）37、映画館50、劇場41、図書館73もあり、ボローニャ・オペラなど多数の劇団が活動している。

付加価値の高い職人企業群の自立と協同組合の発展

職人学校出身の精度の高い職人が有名ブランドの機械産業商品を生産している。この職人企業のマーケティングや経営のコンサルタントを協同組合が引き受けている。また、地域金融機関である貯蓄銀行は地域開発に協力し、文化・スポーツ・環境・社会的弱者のつくる社会的協同組合に支出している。この経済活動によってボローニャの市民所得はミラノに次いで高い。

地区住民評議会による参加制度

イタリア憲法では地区住民評議会が認められているが、特にボローニャで発達している。戦前からの左翼民主主義の伝統が継承され、執行機関をもつ地区住民評議会がつくられている。市議会の他に9特別区に選挙による各区約20人の無給の評議員が参加して、福祉・教育・文化事業などを協議している。大都市の住民参加のモデルであろう。

ボローニャも近年の経済のグローバリゼーションがすすむなかで、外人労働者が流入し、伝統的な職人企業労働者との対立が始まっている。初期の社会政策にも変化が起こっている。

② 金沢市の都市格

戦争によって、日本の都市は多くの文化財・自然・歴史的町並みを失い、その後の復興は道路中心、鉄筋コンクリート高層ビルの乱立、さらに郊外開発による市域の拡張によって画一的な街をつくり都市格を失った。その中にあって、金沢市（人口40万人）は戦災にあわず都市格のある街として評価されているが、それは次のような都市の特徴による。

自然環境と歴史的町並みの景観

町の中心部に犀川、浅野川が流れ、河北潟をはさんで日本海に面し、3つの丘陵部に森が残っており、これらの自然が市民に四季の移り変わりを知らせ、生活に溶け込んでいる。戦災にあわなかった木造建築群の景観、かつて詩人中野重治が金沢の美しさとした黒光りのする屋根などの木造建築物の景観が豊かで、城下町の町並みを残している[3]。

ヨーロッパ型コンパクト・シティ

香林坊を中心に半径2キロメートル以内に主な行政・教育・文化・観光などの都市機能が集中集積し、徒歩や自転車で都市の利益を享受できた。戦後の郊外開発によって大学や県庁が移転するまでは、理想的なヨーロッパ型のコンパクト・シティであった。

自立型産業ネットワーク

内発的に発展し、複雑な産業連関を持ち、本社機能が地元にある自立型の製造業と商業・サービス業のネットワークをつくった。自前の産業革命によって、繊維・織物産業から織機、包装などの機械産業を発展させることによって地場産業の連関をつくり、伝統的な工芸と観光業が結合し、さらに研究・教育機関と産業の連関をつくった。地元に本社機能があり、社会的剰余（利潤、税金、預金）が地元で配分されるために、教育・文化・福祉の水準が高くなった。

「草の根の文化」

金沢大学などの高等教育機関が集積し、それらが市民と交流して、学都としての香りをつくっている。伝統的な日本の文化と西欧の芸術の組織や施設が歴史的に充実している。能や謡曲さらに文学などの市民の美意識が高いので、有名芸術家の「一輪文化」でなく、それは「草の根の文化」となっている。金沢が誇る食文化は町民の伝統的食生活の質の高さから生まれている。

文化行政

金沢市は早くから景観条例をつくり、また市民が自主管理して24時間開館している文化村、職人大学、石川県四高記念文化会館、21世紀美術館など多数の文化施設を持ち、市民に支えられた文化行政が進んでいる。

しかし近年、県庁、大学の郊外移転などにより、中心市街地の衰退、県外資本流入など金沢の都市格と矛盾する傾向も出ている。

③ 都市の文化

2つの都市を典型とするが、都市格のあるまちは、自然や歴史的景観を生かし、市民が経済的文化的生活を営めるように中心市街地に居住でき、複雑な産業連関をもった経済の内発的発展と住民自治の政治制度の枠組みの中で独自の都市文化をつくっていることが明らかになったであろう。

この都市の文化は文明とは違う。都市（City）は文明（Civilization）の所産であるが、それぞれの地域は独自の文化を形成している。文明は技術の競争や革新によって、絶えざる発展をし、機械文明は自然や景観を破壊・改造しながら都市化をすすめてきた。文明は市民の生活を改善する一方、公害や環境破壊をすすめ、戦争によって文化遺産としての都市を破壊してきた。

文明は普遍的価値をもち、地域や国の境域を超えて普及する。近代文明の極致といってよいアメリカの個人主義と大量消費の生活様式は、世界に広がって、あらゆる地域に共通の文明を普及している。文化（Culture）は多義的で、文明と同じように使う人があるが、都市の文化政策を考えるときには文明とは異なる概念としておいたほうがよい。

では文化が文明とちがう社会的特徴はなにか。

地域固有財（location-specific goods）

都市の文化は地域に固着しているので、その地域に住むか、そこに出かけて行かぬ限りそれを鑑賞することはできない。つまり地域的な独自性がある。それは歴史的ストックである。景観はドイツ語 Landschaft からの翻訳だが、地域の歴史に根ざした風景や町並み・文化財である。芸術は普遍的な価値を持っているが、同時に独自の地域性や歴史性を持っている。たとえばオペラはどこででも鑑賞できるが、ミラノ・スカラ座のオペラは他の劇団のオペラとは違う。

国家は公共政策として文化財や文化団体を補助し、国際的文化事業を援助できるが、都市・地域の文化政策は自治体の仕事である。

準公共財（semi-public goods）

市民社会では、文化の大衆化が進み、文化は産業化するが、他面、文化を享受することを基本的人権として保障し、文化の維持は公共機関に信託されている。

市場で売買される商品としての側面だけでなく、公共性を持つのが文化事業の特徴である。つまり文化は商品のようにお金がなければ排除されるのではなく、非排除性を持っている。またその効果は外部性がある。したがって、文化を民間企業に任せた場合には、不完全にしか供給せず、あるいは供給できないことが起こる。特にオペラ、オーケストラ、演劇、文楽などの集団芸術で、修練の必要な分野は市場経済の下では成り立つことが困難である。企業のメセナは不況下では続かない。特に日本の場合には、集団芸術には公共団体の事業や援助が必要である。

学習財（study-goods）

文化は娯楽ではないから、これを咀嚼する牙がいる。「文化の牙」をつくるためには学習しなければならない。共同学習、社会教育や鑑賞の場がいる。

少し原理的なことを述べたが、要するにこのような文化の基本的性格からそれぞれの地域の自治体が文化を維持し発展させる任務があり、それを怠れば、都市の文化は衰退し、都市格は落ちてしまう。

④ 文化政策は地域の未来をつくる

自治体に文化行政の責務があるといっても、その範囲は他の行政と違い守備範囲がある。戦争中のように国家が国策のための文化政策をとれば文化は死ぬ。すぐれた芸術や科学は少数派から始まり、政治や行政と対立する。文化は自由がなければ発展しないから、その内容にまで立ち入ることは許されず、行政は内容については中立でなければならない。

公共機関に信託されるのは文化そのものでなく、①作品を公開しうる施設、②後代に継承するための作品の維持管理、③文化人とくに長期修練の必要な集団芸術家の最低生活の確保、④創造活動のための経費の助成、⑤作品が市民に平等に公開されるための財政的援助などの基礎条件であろう。

文化行政は黒田了一大阪府政によって、1973年に創設された。その後全国の自治体に広がり、一時は長洲一二神奈川県知事によってあらゆる行政は文化化しなければならぬというような流行となった。しかしバブルがはじけて財政危機になり、さらに新自由主義の思想と政策によって、民営化、規制緩和、小さな政府による社会サービスの縮小の中で、文化を贅沢品のように扱い、市場にゆだね、文化政策は限界政策として切り捨てられつつある。近年の大阪府・市の動向には特にその危惧を感じる。

どのように文化政策を再生させるか。私は、今は新自由主義の失敗が明らかになり公共性の復権が求められる転換期が始まっていると思っている。新自由主義の失敗による世界大不況の回復を市場原理にまかされないことは明らかである。しかしこれを戦前のように経済の軍事化や戦争によって解決してはならず、また単なる財政のばらまきでは、未来がない。グリーン・ニューディールのように地球環境の改善、福祉・医療・教育・文化などの未来へ向けての投資によって、対策がすすめられねばならないのでないか。文化政策はこの転換期にふさわしい地域の未来をつくる任務を持っているはずである。

3　維持可能な社会へ

(1)　資本主義は変わったか

資本主義の発展と変貌に応じて、資本主義は変わったのか、あるいは資本主義の未来はどうなるのかという論争はこれまでも繰り返し行われてきたといってよい。

１９２９年の世界恐慌の時期以後60年代にかけて、ケインズ革命といわれたような国家が市場経済に全面的に介入する中央集権型福祉国家が生まれた時に、混合経済あるいは二重経済という新しい生産様式が生まれたという制度学派の理論が生まれた。都留重人は『制度派経済学の再検討』の中で、混合経済を次のように定義している。

「(1)基本的には資本主義経済である。したがって利潤動機を要因にして動く民間部門が、経済の主要な部分をカバーする。(2)政府の役割は積極的でなければならないということが認められ、そして市場メカニズムの自由な動きに対する政府の干渉は容認されている（あるいは時に応じて望ましいものとされる）だけでなく、政府の管理および（または）政府の所有の下での経済の重要な部門が運営されることが正当なものと認められている。(3)一般的に強力な福祉指向と、あらゆる種類の強制に対する否定的な態度。(4)政府は特定の階級の利益と結びついているわけではない。したがってさまざまな利益集団の拮抗力が作用する」。

都留重人は現実主義的理想主義者であったので、混合経済を肯定的に見ていたが、一方で、地球の維持可能な発展という客体的な流れの中で体制変革の道を志向していた(4)。

この混合経済論に対しては、大きく2つの批判があった。1つはマルクス主義からの批判である。現代資本主義を全般的危機の時代の国家独占資本主義とし、国家が独占体と癒着して最大限の利潤を上げる仕組みをつくるが、この寄生的性格から腐敗的性格を持ち、社会主義への移行が始まるとした。他方、新自由主義からの批判である。福祉国家が大きな官僚制をつくり、「大きな政府」によってインフレを生み、国民の医療・教育・福祉などの社会資本・社会サービスに対する自由な選択を阻み、効率化を妨げているとして、民営化、規制緩和、小さな政府を主張した。

私は1981年に『現代資本主義と国家』の中で、ケインズ主義の福祉国家論、マルクス主義の国家独占資本主義論、新自由主義論を批判した。その上で資本主義の全般的危機論を否定し、現代資本主義は自由競争の産業資本主義が変化した混合経済であり、この形態は当面続くが、日本の場合には、政府の民主化、企業の民主化、土地所有権の利用権化、フローの社会化が求められると述べた。そして、今後は国際化と分権化がすすむと述べたのである。この場合、公共性の理論、民間財と公共財の両方の性格を持った混合財の理論と市場の交換価値に対抗する公共部門の価値尺度としての社会的使用価値論の研究の必要を述べた(5)。

この時期の論争は今なお終わっていない。１９７０年代末期からスタグフレーションが深刻化するとともにケインズ経済学や福祉国家への批判が強くなり、多国籍企業による経済のグローバリゼーションがすすみ、新自由主義の思想と政策が支配するようになった。

現実には混合経済が持続しているが、英米日の3国は特に市場原理主義が強く主張され、公共企業や社会資本・サービスが民営化され、公共部門が縮小した。

１９８０年代末以降のソ連社会主義の崩壊によって、資本主義の勝利という議論が横行した。しかし、経済のグローバリゼーションは後に述べるように、地球環境の危機と南北問題という世界規模での貧富の対立を生んだ。先進国の資本主義は、急激に産業資本主義から金融資本主義と情報資本主義へ移行し、投機的なカジノ資本主義といわれる構造に変化し、その矛盾が２００８年金融恐慌となって爆発した。この影響はまだ解決していない。90年代末から今日まで、この状況の下で、資本主義と国家（公共部門）の関係に加えて資本主義と地球規模の問題、特に環境問題が焦点となっている。

私の手元には、今世紀になって以降、資本主義について議論している研究書は英語版のみで10数冊ある。まだその論点を整理してはいないが、資本主義を新自由主義のように市場の運動、経済の動態だけで見るのではない。

ハーヴァード大学のスコット（Bruce R. Scott）は、“The Concept of Capitalism”の中で資

本主義はガバナンスの間接的制度として、①政治権力、②制度、規制と規制者、③フォーマル市場の3要素で構成しているとし、もうひとつのガバナンスの制度として、民主主義を上げ、この2つの制度の相互作用として、現代の状況を説明している[6]。

私は、先の著書の中で、資本主義体制を従来のマルクス経済学のように「資本主義的生産様式」（剰余労働の搾取と商品貨幣関係の一体化）でのみ語るのでなく、それと議会制民主主義と法治に基づく「国民国家」、自由と基本的人権の「市民社会」の3構成要素で構成された制度と規定した。そして資本主義の危機とは、単に資本主義的生産様式の危機としての窮乏化、恐慌、戦争で語るのではなく、この3構成要素が存立できない状況、とくに国民国家が資本主義経済と市民社会を総括できなくなる状況で語るべきだと述べてきた。

現代では、これら3つの構成要素がグローバリゼーションのために相互に矛盾を深めているといってよい。マルクスは『資本論』第3巻第15章の中で、資本主義の矛盾を次のようにいっている。

「資本主義的生産様式が物質的生産力を発展させ、これに対応する世界市場を創造するための歴史的手段だとすれば、それはまた同時にこのようなその歴史的任務とこれに対応する社会的生産関係との間の恒常的矛盾なのである」。

この場合の表現形態を、これまでの経済学者は世界恐慌といっているのだが、個々の社会的生産関係とは先の３構成要素全体をさす方が、現代的である。マルクスのいうように、資本主義は世界市場を創造する歴史的手段なのであり、グローバル化は個人の意志を超えた必然なのだが、それが資本主義を危機に陥れている。資本主義の生命力といってよい際限のない成長と不均衡発展が国民国家や市民社会の枠組みを超えて、グローバル化したが、共同社会の崩壊、特に地球環境の危機―人類の生存の危機を生んだといってよい。資本主義の運命は環境問題と連関させて考えうるのである。

⑵　資本主義と共同社会（的条件）

私の政治経済学は、これまでの経済学が経済の外部性としてきたものを経済学の中に取り込むことである。その中心の概念が、社会資本、都市（自治体）、国家、環境である。これらは経済の内部にあって、その発展を規定しているにもかかわらず、これまでの経済学は商品・貨幣市場経済に限定して理論を構成してきたので、理論や政策の外部に放置してきた。このために深刻な公害が発生していても、世論や運動が起こってその責任が追及され、対策の法制が整備されて、経済的な負担となるまでは経済の理論に入らなかった。問題が起こった時に部分的にしか取り上げなかったのである。ＧＮＰ経済学といわれた近代経済学はもとより、マルクス経済学の場合も同様であった。

宇沢弘文は、私の社会資本論を拡大して、社会資本、制度、自然を構成要素とする社会的共通資本という概念をつくっている。彼の現状認識とはほぼ共通しているのだが、私は、宇沢の主張する資本概念の拡大や専門家集団による政策決定原理には賛成できない。宇沢とは異なって、先の4つの理念を総合して共同社会（的条件）論としている。

現代資本主義の運命は、この共同社会的条件が維持できるかどうかにかかっているといってよい。共同社会的条件というのは、人間が社会を形成してきた時からの社会構成体を収容する容器、コップのようなものであり、その中の液体が封建制や資本主義であったといってよい。この容器は歴史的に継承されてきたもので、歴史貫通的な素材としての性格を持っている。容器というとハードな物体を想像されるが、例えば都市といった場合に建築物、構築物や文化財を意味するだけでなく、市民の参加する自治体というソフトな制度をもさしている。

この共同社会が経済のグローバル化によって、大きな変容を受けている。日本の場合、共同社会はメルト・ダウンし始めているといってよい。社会資本の老朽化問題、60〜70年代に革新自治体を生んだ東京・大阪・名古屋などの大都市圏が、今は保守の「独裁者」の支配を支持し、大阪都構想が住民投票にかけられたような都市の危機、金融恐慌の回復の過程で生じた租税国家の危機の問題などである。東日本大震災はこの共同社会の崩落を助長している。共同社会をどのように維持してゆくのかが問われている。

4　維持可能な社会の思想と現実

(1)　成長と環境の調和

１９７２年国連人間会議は、人類の思想のコペルニクス的転換をなすものと大きな期待を持って始まったが、南北の対立で挫折した。

その後の環境と開発の歴史の反省から、１９８７年、ブルントラント委員会は維持可能な発展（Sustainable Development　ＳＤと略す）の提唱をした。これは「人類は開発を持続可能なものとする能力を有する。持続的発展とは、将来の世代が自らの欲求を充足する能力を損なうことなく、今日の世代の要求を満たすことである」。この概念は環境と開発を両立させようというものであった。[7]

(2)　「リオ宣言」によってSDを人類の共通目標として採択

冷戦の終結を受け１９９２年国連環境開発会議では「環境と開発に関するリオ宣言」によってＳＤを人類の共通目標として採択し、地球環境問題と南北問題を同時に解決するための国際協定の締結が始まった。

ＳＤは南北の対立の政治的妥協の産物という面があったために必ずしも理論的に整理され

たものでない。世界銀行は経済成長、社会開発、環境保全の3面の同列・対等の持続的発展といっているが、経済の持続的発展を枠組みとするか、地球環境を維持可能にするかによる基本的な認識の相違によって、見解や政策が分かれている。私は後者の地球環境という人間の意志を超えた客体の維持を優先し、都留重人とともにSDを持続可能と主体的に訳さず、維持可能な発展と訳している。

(3) SDによってめざすSSとは何か

私は1994年の神戸でおこなわれたNPOによる維持可能な社会（Sustainable Society　SSと略す）の国際会議で、次の5つの課題が総合的に実現する社会を指していると提案した。

①平和を維持する。特に核戦争を防止する。
②環境と資源を保全・再生し、地球は人間を含む多様な生態系の環境として維持・改善する。
③絶対的貧困を克服して、社会的経済的な不公正を除去する。
④民主主義を国際・国内的に確立する。
⑤基本的人権と思想・表現の自由を達成し、多様な文化の共生をすすめる。

これは日本国憲法の理念に近い。SSの中心は平和、環境保全、絶対的貧困からの脱却であるが、経済の成長と環境保全の関係が資本主義社会の課題である。

(4) 経済成長主義からの脱却

日本の政治家と財界人は経済成長を第一に掲げている。それはGDP成長主義といわれるように、国内総生産を上げなければ雇用や生活は良くならないというのである。

スウェーデンの経済学者ボールディング(K. E. Boulding)は「際限のない成長を信じているのは狂人か経済学者かぐらいだ」とのべた(8)。確かに日本の経済学者も無限の経済成長を信じているものが多い。資本主義の本質はたえざる拡大再生産によって資本を蓄積し、剰余価値を増やす制度であるから、成長を止めることは資本主義の運動を止めることになる。政治家や財界人は現在のシステムを維持して、特に富や所得の分配の方法を変えたくないので、経済のパイを大きくして、分配問題を解決したいと考えている。

だが、GDPは市場経済の生み出す所得であるから、市場で測れない利益や損害は測定できない。しかも新自由主義のように民間企業の自由競争を第一にして、企業の利益配分を最優先すれば、GDPが増えても失業はなくならず、場合によっては雇用や賃金は減り、公共部門のサービスは低下して、生活水準は低下する。

さらに、ボールディングのいうように際限のない経済成長がありえないことは、地球環境の危機で明らかである。

経済学者がすべて常軌を逸しているのではない。例を挙げよう。古典派経済学を総合したミル（J. S. Mill）は『政治経済学原理』の中のStationary Stateという節で、定常状態を提唱している。彼は収穫逓減の下で利益率がゼロに近づけば拡大生産は止まり、ＳＳは必然と考えた。そして定常状態は人間的進歩の停止状態ではなく、この状態のなかで精神的文化や道徳的社会的進歩、技術の進歩があるとしている。(9)これは他の経済学者にも継承された。

環境経済学者デイリー（H. E. Daly）は『ＳＤの経済学』の中でＧＤＰの経済成長と自由貿易によるグローバリゼーションを批判し、ＳＤとは吸収力や再生力という環境の制約の中で生活することを意味するとしている。そして環境の制約をいれたマクロ経済の最適規模のビジョンを提唱し、グローバリゼーションを抑制して国民経済への復帰を提言した。(10)

都留重人の遺著『環境の政治経済学』（The Political Economy of Environment）は、ＧＮＰ（ＧＤＰ）経済学では社会の実際の活動を表現していないとして、外部性や自然資産の評価などを経済の中にいれ、素材から体制へという広義の経済学を樹立してきた都留の最後の英文著作である。大量生産・流通・消費・廃棄のライフスタイルを離れ、モリスやラスキンの生活の芸術化（Art of Living）を提唱し、マルクスの交換価値の終焉の理論から、labor（労働）を

work（仕事）にかえ、「成長ではなく、労働の人間化」によって成長主義のＧＮＰ経済学からの離脱を求めている(11)。

ワイツゼッカー元大統領の甥でドイツの環境学者・元環境大臣のワイツゼッカー（E. U. von Weitzsäker）は『地球環境政策』（Erdpolitik）や『民営化の限界』（Limits to Privaitization）の中で、新自由主義を批判し、ＳＤの可能な経済を検討している。彼はエコロジカル税制改革、エネルギー価格制、資源節約の技術の提唱の後に労働（Arbeit）から自発的仕事（Eigenwerk）の増大という労働の変化によるシステム改革で環境の世紀の到来を目指している(12)。

イギリス政府の維持可能性（Sustainablity）政策の責任者ジャクソン（T. Jackson）は『成長なき繁栄』（Prosperity without Growth）のなかで、次のように述べている。

これまでの経済成長で環境が危機に陥り、他方貧困問題が解決していない歴史的経験から成長に依存しない繁栄の道があるとしている。特に先進国の経済成長は限界に来ているとし、革命ではないがデイリーと同じようにシステム改革が必要としている。彼は今回の世界大不況は環境問題だけでなく、経済的に現在の経済制度の欠陥が明らかになったので、システム改革のチャンスととらえている。確かにいまの日本政財界やマスコミのように不況回復のため一にも二にも国際競争のための経済成長というのでは、人件費が下がり、ますます雇用が減り、格差は広がる。彼はグリーン・ニューディールを通じて、適正なマクロ経済の確立に近づくとしている[13]。

またフランスのサルコジ前大統領はGDPに代わる幸福の尺度をきめるためにアメリカのスティグリッツ（J. E. Stiglitz）やイギリスのセン（A. Sen）などの有力な経済学者を集めた委員会をつくって提言を出している。カナダやその他の国でも、経済の成長ではない、真の生活の豊かさをつくる経済学の模索が始まっている。先進国はこのように新しい道を模索し始めている。しかし途上国ではどうか。

(5) 内発的発展

COP18（気候変動枠組条約第18回締約国会議）の結果に見るように、先進国と途上国の対立はいまだに解決していない。途上国が発展することをとめる権利は先進国にはない。しかし中国やインドが欧米日と同じような近代化路線を続けるならば、公害は深刻化し、さらに地球環境が破壊されることは明らかである。近代化のあり方、開発の目的・方法・主体を変えねばならない。

それはいまのように市場経済のグローバル化の中での競争優位を目指すのでなく、地域の歴史・自然・文化・環境に根ざしたオルタナティブな内発的発展に変えていくことであろう。

インドの独立に当たって、ガンジー（M. K. Gandhi）は『Hind Swarai』という著書のなかで、イギリスと同じ道を歩めば地球がいくつあっても足りず、地球は破滅するとして、ヨーロッパの非文明的な近代化の道を歩まないとした。大都市は無用として、小さな村を単位として、自給自足の地域のネットワークで結ぶ社会を理想とした[14]。しかし90年代以降インド政府は経済成長優先政策に転じ、ガンジーの理想は実現していない。

これらの思想は、ロマンチックで幻想的に見えるが、いまの苦悩する社会では簡単に夢として退けるわけにはいかない。

今の日本では都市や農村の内発的発展の具体例があり、これが、途上国の成長戦略にかえてすすむべき教訓を示しつつあるように思える。

注

1 木津川計『都市格と文化』自治体研究社、2008年

2 ボローニャについては、佐々木雅幸『創造都市の経済学』勁草書房、1997年、チェルベラッティ・加藤晃規監訳『ボローニャの試み』香匠庵出版、1986年。都市研究懇話会『都市の風景』三省堂、1987年。宮本憲一『都市政策の思想と現実』有斐閣、1999年。井上ひさし『ボローニャへの旅』岩波書店、2005年

3 金沢については山出保『金沢を歩く』岩波新書、2014年。中村剛治郎『地域政治経済学』有斐閣、2008年

4　都留重人『制度学派の経済学の再検討』岩波書店、２００８年
5　宮本憲一『現代資本主義と国家』岩波書店、１９８１年
6　B. B. Scott, *The Concept of Capitalism*, Springer, 2009
7　WCED ed. Our *Common Future*　大来左武郎監修『地球の未来を守るために』福武書店、１９８７年
8　K. E. Boulding, *The Economics of Knowledge and the Knowledge of Economics, American Economic Review*, 1966
9　J. S. Mill, *Principle of Political Economy*, London, 1891 Book4　末永茂喜訳『経済学原理』第４分冊、岩波文庫、１９６１年
10　ディリー経済学を市民に紹介した次のパンフがよい。ハーマン・ディリー、枝広淳子『「定常経済」は可能だ』岩波ブックレット、２０１４年
11　S. Tsuru, *Political Economy of Environment*, Athlone, 1999
12　E. U. von Weizsaker, *Erdpolitik*　宮本憲一・楠田貢典・佐々木健監訳『地球環境政策』有斐閣、１９９４年
13　T. Jackson, *Prosperity without Growth Economics*, London, 2009
14　M. K. Gandhi, *Hind Swarai*　田中俊哉訳『真の独立への道』岩波文庫、２００１年

Ⅳ　足元から維持可能な社会を

1　EUの維持可能な都市政策

維持可能な社会をめざすことは、今の国際的条件では困難に見える。しかし国際協定を待つのでなく、EUは足元から維持可能な社会をつくろうとしている。

EUは1985年に「ヨーロッパ地方自治憲章」を採択した。これは住民自治を基礎に、民主主義の原理である近接性の原則に基づき、内政を原則として基礎的自治体に移譲し、広域自治体と国は補完原則で、基礎的自治体を補完しなければならないとした。そしてこれをすすめるにふさわしい財政を保障するという充実した地方自治の憲章である。

これに基づいて1990年代から次の5つの課題を実現する維持可能な都市の計画を立てた。(1)

①自然資源の維持可能な管理、都市内の資源の完全循環と再生可能（自然）エネルギーの普及、廃棄物のリサイクリングによる closed system.

②環境基準の改善、環境税制や補助金を通じて環境産業による雇用の拡大、環境製品・環境サービスの市場の拡大など社会システムの改造。
③維持可能な交通政策。自動車交通の抑制・公共交通体系の整備、職住近接で交通の節約。自転車・歩行の奨励。
④都市のコンパクト化、近郊農村の農地・森林など緑地の保全。地産地消で周辺農漁村の産物を都市で消化し、都市と農村の共生をはかる。
⑤環境問題の管理および都市の組織化に関連した情報の公開と意思決定のプロセスへの住民参加の保障。

この維持可能な都市政策（Sustainable Cities Plan）は、経済不況の下で行きづまっている国もあるが、元に戻るような動きはなく、北欧やドイツでは着実にすすんでいる。それは単に自然エネルギーの普及や公共交通体系の整備にとどまらず、アメリカ的な大量消費の画一的な都市文化でなく創造的な自立した多様な都市文化をつくっているといってよい。また、先述のボローニャやドイツの環境首都フライブルグのように美しい環境を維持する努力も続いている。環境保全と文化の発展が地域政策の目標であり、経済発展はその手段のひとつで目的ではない。このヨーロッパのように、日本の自治体は環境の世紀にふさわしい政策をとっているであろうか。

2 日本の維持可能な内発的発展

表1の「一般政府支出の対GDP比」、表2の「公務員数の国際比較」のように、日本はアメリカと並んで公共部門が小さい。また公務員が比較的に少ないのである。

日本社会の改革には、まず公共性の回復が必要であり、公共部門を拡大しなければならない。しかしこの場合、私は小さな政府、大きな自治体が良いと思っている。大きな自治体は、役所の機構を大きくするのでなく、協同組合、NPOなどの住民組織と提携して地域福祉などの地域事業を行うためのガバナンスによらねばならないだろう。

そしてかつての地方自治研究集会のように、公務員労働組合が内部から行政の民主化をすすめてほしい。社会サービス、特に公務労働は民間企業の商品生産労働と異なって、憲法に基づいて市民の人権を擁護する公共性がある。その自覚を持って仕事をしないかぎり、官僚主義に陥り住民と対立することになるだろう。

2000年の新地方自治法の前後から、分権化が進んでいるが、それは中央政府の財政再建のための事務移譲が先行し、住民自治はないがしろになり、「ヨーロッパ地方自治憲章」のような充実した地方自治は確立していない。小泉内閣の三位一体改革以降、交付税の削減とその後の改革によって、約6兆円の財源不足が生じて、地方財政は縮小傾向に陥り、さらに

表1　一般政府支出の対 GDP 比

（%）

	1960	1974	1990	2000	2005
ド　イ　ツ	32.4	44.6	45.7	43.3	46.8
ア　メ　リ　カ	26.6	31.7	36.2	34.2	36.6
デ　ン　マ　ー　ク	24.8	45.9	58.6	52.5	52.8
ス　ウ　ェ　デ　ン	31.0	48.1	60.8	52.5	56.3
イ　ギ　リ　ス	32.2	44.8	42.3	37.6	44.9
フ　ラ　ン　ス	34.6	39.3	49.9	48.9	53.9
韓　国	n.a.	n.a,	18.4	23.9	29.1
日　本	17.5	24.5	31.9	36.8	37.0

表2　公務員数の国際比較

	日　本	イギリス	フランス	アメリカ	ドイツ
国家公務員総数（千人）	1,606	2,916	3,147	2,900	1,839
同国民100人当たり員数	12.6	48.7	53.1	9.9	22.3
地方公務員総数（千人）	3,777	2,929	2,534	18,759	3,904
同住民100人当たり員数	29.6	49.0	42.7	64.0	47.3
公務員総数（千人）	5,383	5,845	5,681	21,659	5,743
同国民100人当たり員数	42.2	97.7	95.8	73.9	69.6

並行して行われた事実上の強制による市町村合併によって、都市とも農村とも性格のつかない地域が出現し、日本の地方自治は混迷の中にある。

他国と比べて、日本は、繰り返し中央政府の強制によって、共同体としての旧町村を解体し、基礎自治体の規模は大きい。このために住民自治が育たず、市町村は基礎自治体というよりは最下層の国の地方行政機関という性格が強かった（**表3**「市町村合併の推移」、**表4**「地方自治体の平均人口規模」）。

いま合併を拒否して、小さくて

表３　市町村合併の推移

	市	町	村	計
1893年	19	12,194	59,284	71,497
1889年	39	町村合計　15,820		15,859
1953年	286	1,996	7,616	9,868
1956年	498	1,903	1,574	3,975
1999年	670	1,994	568	3,232
2010年	786	757	184	1,727

も輝く自治体運動に参加している自治体は、財政的には縮小しているが、住民自治に基づいて独創的な政策を行っている。合併は自治体の規模を大きくして、できるだけ一点集中型の集積をすめる都市をつくり、経費節減と行財政能力を高めることが目的であった。この一点集中によって、企業が集積の利益を上げ、行政が効率的な公共事業や行政運営をできるという論理が、果たして住民の福祉、特に旧町村の住民にプラスだったのか、マイナスだったのかが問われる。おそらくマイナスが大きいだろう。この条件下で、合併市町村は地域計画をつくらねばならない。

つまり、一点集中型か分散自立連帯型かという、まちづくりの方向性をめぐる選択が問われる。一点集中でこれからのまちを形成するのか、あるいは旧町村を土台に分散自立連帯にするのか、分散自立型にする場合にはそれぞれの地域の特性、地域がサステイナブルで維持できるのかどうか。あるいは維持していくことが可能かどうかという維持可能性が問われる。そのために、たとえば地域協議会をつくっても、予算の取り合いをする協議会ではな

表4　地方自治体の平均人口規模

（単位：千人）

	全国	州	県（カウンティ）	基礎自治体（市町村）	基礎自治体数（市町村）
日本	127,655		2,716	69.3	1,727
アメリカ	281,425	5,629	83	9.0	36,011
カナダ	32,270	2,482	10	7.1	4,545
オーストラア	20,111	2,514		27.8	723
ドイツ	82,501	5,156	187	6.6	12,500
フランス	60,430	2,878	630	1.7	36,570
イタリア	57,321	2,868	557	7.1	8,073
イギリス	59,554		576	141.1	352
デンマーク	5,427		339	20.0	271
フィンランド	5,256			12.2	430
ノルウエー	4,640		232	10.7	433
スウェーデン	9,067		432	31.3	290

く、旧町村の地域が持っている特性を持続できる協議会として運営できるかどうかという主体性にかかっている。私は農村部の場合には分散自立型が良いと思っているが、放っておけば一点集中型になる可能性の方が強いと考えられる。

また、東日本大震災や沖縄振興政策は、これまでの補助金依存・大規模プロジェクト・基地誘致の外来型開発の失敗を明らかにした。内発的発展の教訓を生かし、それに加えてEUのSCプランのように維持可能な社会を地域から構想し、地元で産業を興し産業連関をつくり、社会的剰余（利潤、租税、貯蓄）を地域内に再投資して、教育・医療・福祉・文化をすすめていかねばならないだろう。

日本資本主義の運命は経済成長第一主義から維持可能な社会へ向かって、前進できるかどうかにかかっているのではないか。日本の地域政策に参考になるのは、ＥＵの都市政策とともに、70年代後半から日本の地方都市や農村で始まった内発的発展にある。これは重化学工業や大規模公共事業の誘致による外来型地域開発が、地元の経済・福祉や学術・文化の発展につながらず、公害や災害を出し、利益は東京に吸収されていくことに反対して生まれた住民自治に基づく地域政策である。

内発的発展は生産所得や人口の増大を究極の目的とせず、環境保全、福祉、学術・文化と生活の豊かさという総合的な目的をめざしている。環境・文化と安全・安心なまちづくりといっても良い。できるだけ域内で産業連関をつくることによって、付加価値を地元で生み出し、そこで生まれた社会的剰余（利潤、租税、貯蓄）を地元で再投資する。特に防災・福祉・学術・文化に寄与する事業をすすめる。仮に域外の技術・資金を利用するとしても、開発の主体は地元の個人・組織・自治体におく。これらが内発的発展の地域の原則である。実例は、旧湯布院町、旧大山町、金沢市に始まり、栄村、川上村、内子町、海士町、綾町、飯田市など全国に広がった。それらは独自性があり、原則は目的、方法、主体の政策原則にそっている。

特にいま重要なのは、自治体の行財政能力の回復である。日本の公共部門は小さく、公務員数も少ない。さらに合併した旧町村では、役場がなくなったために農村部の行政は縮小し、旧町村の経済も衰退している。基礎的自治体の公務員を増やし、行財政の強化を図らねばならない。

震災にあった東北地域でも内発的発展をすすめてきた市町村がある。福島の被災者グループはドイツのフライブルグを視察し、再生エネルギーによる復興を模索している。沖縄の開発も政府の振興策に依拠せず、内発的発展を模索せざるを得ないだろう。受難の中にある被災地や沖縄、そして衰退に苦しむ地方都市や農村が維持可能な社会を求めて、内発的発展をすすめることに日本の未来を求めたい。

3　地方議会の民主化と住民運動の創造

(1)　議会の民主化

地方議会の改革も民主主義を守るために焦眉の急となっている。自治基本条例や議会基本条例の制定などによって、制度的改革はすでにすすめられている。議会基本条例は手続きの改革が主体であるが、これまで与党の主導権で不透明な運営をしてきた議会の機能をよみがえらせる効果がある。特に、首長との討論の形式の改革、広報活動、定期的な議会の報告会など、住民の意見を聴く制度の改善は、議会の民主化の方向としてすすめられて良い。しかし議会内部の改革だけでは、住民の認識は変わらない。

(2)　住民運動の創造を

ポピュリズムといわれる政治の出現は民主主義の危機であるが、あのような変化が生まれた背景には、若い人たちが現状に不安があり、現状を変えたいというエネルギーがあることを示している。どういう方法で現状への不満を民主的改革の主体形成につなぐか。私は学習会を重ねて主体をつくっていくしかないと思っている。私は20数年間、佐久地域で宮本塾をすすめてきた。宮本塾は小さな組織だが、そこで育った同人たちの住民運動の成果のひとつが、国際農村医学本部の拠点であり地域医療・保健・福祉の拠点である佐久総合病院の改築問題などで力を発揮した。革新自治体が誕生した70年代とは違い、民主勢力の力は弱くなっているが、社会の危機はあの時代よりも進化しており、住民生活の困難は多様で多地域にわたっている。それぞれの要求に応じて学習し、住民運動を組織することによって自治体の政治を変える条件は熟してきている。また、公務労働の条件悪化に対して、自治研活動による内部からの自治体労働者の運動の展開がなければ、地方自治の危機は解決しない。

今日、安倍内閣は改憲によって、平和、基本的人権、民主主義の戦後憲法体制を根本から変えようとしている。この動きを許してはならない。戦後憲法体制がある限り、私たちは基本的人権と民主主義の原理を生かして、もう一度革新自治体をつくることが可能なのである。

そのためにはまず住民が自らの基本的人権を守って、原発再開阻止、辺野古基地反対、特定秘密保護法反対、集団的自衛権反対などの市民運動に参加し、連帯をすすめることである。この運動の中で、公務員労働者が勇気をもって、かつての自治研活動のようにこれらの運動のコーディネーターとしての役割を果たすことが求められている。

注

1　Commission of the European Communities, *European Sustainable Cities*, Luxemburg, EU, 1996、モンタナリ「サスティナブル・シティの経験と挑戦」『環境と公害』２００４年冬号

あとがき

6月22日、翁長雄志沖縄県知事に面会した。4月1日に有識者22名で出した「辺野古基地建設即時中止を求める声明」と8000筆の支持署名とその賛同者のコメントを渡して知事を激励するためであった。知事はアメリカ訪問やケネディ大使との会談について触れ、依然として辺野古基地が唯一の解決策という政府の方針が変わらぬ状況だが、あらゆる手段を使って辺野古基地建設は阻止するという強い決意を述べられた。

翌23日、平和の礎で開かれた慰霊の日に参加した。慰霊祭で翁長知事はこの公式の場で「平和宣言」をして政府を批判し、辺野古基地建設反対を明確に宣言した。まさに知事は政府を恐れず、新基地反対の非常の決意を全国に表明したといって良い。これに対して安倍晋三首相は沖縄戦の県民の犠牲について哀悼の意を述べたが、辺野古問題や安保法制については全く触れなかった。驚いたことに、橋下徹大阪市長と松井一郎大阪府知事が安倍首相と並んで参列していたことである。安倍首相が維新の党を抱き込もうとしていることを示すとともに、橋下市長が政界復帰を演出する舞台を選んだのでないか。

24日、辺野古の基地キャンプ場前のテント村と海岸の団結小屋の両方に激励のあいさつに行ったが、各地から応援が来ていて、これまでになく本土の支持が盛り上がっているようであった。地元の代表は命を懸けても建設を阻止するという気概であった。沖縄の空気を政府は読み違っているのではないか。

26日、驚くべきことが起こった。自民党の若手グループの懇談会で、新聞報道を規制するために経団連に頼んで、広告をやめるように頼んだらどうかという発言があり、さらには安倍首相の取り巻きである百田尚樹氏が「沖縄の二つの新聞をつぶしたい」と発言したというのである。これは「言論・報道の自由」を権力で抹殺する発言で、政権党の死命を制する行為である。ここまで民主主義や人権を破壊する言動を許した政府は過去にも例がないであろう。この違憲の政府をどうしても退場させねば、戦前の失敗の二の舞になるのでないか。

本書は初めに述べたように講演の原稿を収録したので、学術書ではない。できればより深く戦後史の教訓を考えてもらうために『戦後日本公害史論』を読んでもらいたい。この書物は韓国の「ブック・シティ文化財団」が東アジアの出版物を対象にした「第4回パジュ・ブック・アワード」の「著作賞」に選定されたという報せがあった。何よりも環境破壊に悩むアジアの人たちに読んでもらいたいという思いが通じて幸いである。

本書の編集はすべて自治体研究社の深田悦子さんの手になるもので、心から感謝したい。

2015年6月末日

宮本憲一

２０１５年6月末日

宮本憲一

〈著者〉
宮本　憲一（みやもと　けんいち）
1930年、台北市生まれ。名古屋大学経済学部卒業。金沢大学助教授、大阪市立大学教授、立命館大学教授、滋賀大学学長を経て、現在、大阪市立大学名誉教授、滋賀大学名誉教授。
専攻：財政学、環境経済学。

主要著作　『恐るべき公害』共著、岩波新書、1964年
『社会資本論』有斐閣、1967年
『日本の環境問題―その政治経済学的考察』有斐閣、1975年
『財政改革』岩波書店、1977年
『都市経済論―共同生活条件の政治経済学』（経済学全集21）筑摩書房、1980年
『現代資本主義と国家』（現代資本主義分析4）岩波書店、1981年
『地方自治の歴史と展望』自治体研究社、1986年
『日本の環境政策』大月書店、1987年
『環境経済学』岩波書店、1989年
『環境と開発』（岩波市民大学 人間の歴史を考える 14）岩波書店、1992年
『公共政策のすすめ―現代的公共性とは何か』有斐閣、1998年
『都市政策の思想と現実』有斐閣、1999年
『日本社会の可能性―維持可能な社会へ』岩波書店、2000年
『沖縄21世紀への挑戦』共編、岩波書店、2001年
『日本の地方自治　その歴史と未来』自治体研究社、2005年
『維持可能な社会に向かって』岩波書店、2006年
『環境経済学　新版』岩波書店、2007年
『沖縄論―平和・環境・自治の島へ』共編、岩波書店、2010年
『戦後日本公害史論』岩波書店、2014年

自治・平和・環境

2015年8月10日　　初版第1刷発行

著　者　宮本憲一
発行者　福島　譲
発行所　㈱自治体研究社
〒162-8512　新宿区矢来町123　矢来ビル4F
TEL：03・3235・5941／FAX：03・3235・5933
http://www.jichiken.jp/
E-Mail：info@jichiken.jp

ISBN978-4-88037-638-7 C0031

表紙イラスト：井上文香
デザイン：妹尾浩也（iwor）
印刷：トップアート